COACHING e QUALIDADE de VIDA

JOSÉ CABELLO CANALES
MARZO EDIR DA SILVA-GRIGOLETTO

Gerente editorial
Roger Conovalov

Projeto Gráfico
Lura Editorial

Tradução
Marta Silva Santos
Sabrina Nobre

Revisão Técnica
Mitiele da Silva
Luan Morais Azevêdo
Michelly Gomez Cordeiro

Capa
Lura Editorial

Lura Editoração Eletrônica LTDA
Rua Rafael Sampaio Vidal, 291
São Caetano do Sul, SP – CEP 05550 -170
Tel: (11) 4221-8215
Site: www.luraeditorial.com.br
E-mail: contato@luraeditorial.com.br

Catalogação na Fonte do Departamento Nacional do Livro
(Fundação Biblioteca Nacional, Brasil)

Cabello-Canales, J. Cabello e Da Silva-Grigoletto, ME.
Coaching e qualidade de vida / José Cabello Canales, Marzo Edir Da Silva-Grigoletto. – 1ª ed. – São Paulo: Lura Editorial, 2018
160p.

ISBN: 978-85-5849-129-7

1.Coaching 2. Desenvolvimento Pessoal I. Título

CDD-120

Índice para catálogo sistemático:
1. Desenvolvimento Pessoal .120

COACHING e QUALIDADE de VIDA

JOSÉ CABELLO CANALES
MARZO EDIR DA SILVA-GRIGOLETTO

Como ter uma vida equilibrada em meio a preocupações do mundo moderno

Lura Editorial
ASICC
Asociación Iberoamericana de Coaching Deportivo y Calidad de Vida

Apoio:

CREF20/SE

www.cref20.org.br

Este livro representa para mim mais um passo de uma trajetória, desta forma, devo dedicar este trabalho para aqueles que de alguma forma acreditaram em mim de maneira incondicional, mesmo tendo às vezes razões para não fazê-lo.

A Pepe, meu pai pelo exemplo a mim dado durante toda a minha vida, antes mesmo deste livro existir. A Juani, minha mãe, por sua inesgotável força. A Marya, minha esposa, por sua capacidade de me trazer ao "aqui e agora". Ao Dr. Da Silva-Grigoletto, meu parceiro, por acreditar nesse projeto como se já tivéssemos o alcançado.

José Cabello Canales.

Dedico este livro a todos os Mestres que tive em minha vida. Alguns tem sido tão significativos que tem marcado minha trajetória. (Dr. García-Manso e o Dr. Benno Becker Jr).

Outros, como meu companheiro e amigo deste e de muitos outros desafios (Pepe Cabello), tem caminhado ao meu lado, de mãos dadas. Não obstante, o mais especial para mim, por sua sabedoria, seu amor e proximidade, e que tenho a honra de chamar de pai.

Marzo Edir Da Silva-Grigoletto.

Sumário

Prefácio

Foi com muita alegria e satisfação que recebi o convite dos autores para prefaciar esta obra. Os temas tratados no livro "*Coaching* e Qualidade de Vida" são tão atuais como necessários para dar suporte à saúde da nossa sociedade.

Coaching, na concepção dos autores, é o processo de acompanhamento pessoal para, em primeiro lugar estabelecer um plano para alcançar seus objetivos, desde a parte cognitiva, emocional e comportamental, e o mais importante, iniciar o processo de mudança e manutenção com alto nível de motivação. A metodologia de mudança é abordada pelos autores de forma clara, concisa e principalmente de maneira muito aplicada.

A fusão sinérgica de *Coaches* com diferentes características; um deles com uma considerável experiência prática (mais de 16 anos de profissão), e outro mais jovem com uma impressionante carreira acadêmica e docente, torna o livro uma obra única que aborda o *Coaching* de uma maneira muito inovadora e acessível a todos os públicos. Além disso, a capacidade de penetrabilidade que tem essa obra permite o acesso por parte de um grupo muito considerável de nossa sociedade, facilitando maior alcance para todas as pessoas que estão interessadas nesta área de conhecimento.

Portanto, recomendo este livro a qualquer pessoa, independente da sua formação acadêmica, que quer elevar seu nível de consciência, assumir responsabilidade e iniciar um processo de mudança, aumentando seu potencial psicofísico e social, para enfrentar um mundo em constante transformação.

Prof. Dr. Benno Becker Jr.

Doutor em Psicologia, Universidade de Barcelona, Espanha

Ex diretor da Sociedade Internacional de Psicologia do Esporte

Presidente Honorário, Sociedade Ibero-Americana de Coaching e Qualidade de Vida

Presidente Honorário, Sociedade Brasileira de Psicologia do Esporte

1 Introdução

Por que *Coaching* e Qualidade de Vida?

O *Coaching* aparece neste momento da história como consequência da evolução da sociedade. Surge na busca por encontrar, de uma maneira mais rápida, soluções, para algo que não consiste em corrigir o passado, mas em criar algo que ainda não foi feito: a construção de um futuro diferente e escolhido.

Quando trabalhamos com um *coachee* (cliente), seja uma pessoa ou um grupo de pessoas, não o fazemos com um olhar para o passado, buscando interpretar o que lhe aconteceu ou entender o porquê está onde está em sua vida. O *Coaching* ocorre no lugar emocionante e poderoso do ser humano: seu futuro, sua "possibilidade". Ao lidarmos com o *coachee*, devemos nos preocupar em inspirá-lo e estimulá-lo através de perguntas, de modo que ele seja capaz de "inventar/imaginar" o futuro que deseja viver.

Pensar é fazer perguntas e respondê-las, então quando fazemos uma pergunta ao nosso cliente, estamos ajudando-o a pensar, incentivando-o a procurar dentro de si as respostas que ele precisa para seguir planejando seu futuro.

Coaching é a arte de desenhar o futuro; mas pensemos: o que é o futuro? Amanhã? Quando estamos no amanhã, não é mais futuro, ou seja, o futuro por definição nunca chega. Apesar disso, é uma realidade que sempre estamos construindo. Quando? Se conseguimos entender que todo o meu futuro depende única e exclusivamente de cada pequena ou grande decisão que tomamos hoje, estamos entendendo que somos criadores e inventores de nossa própria vida.

São nossas decisões e não as circunstâncias que configuram o nosso destino. Essa é uma das afirmações mais poderosas que temos escutado em nossa vida. Decidir é uma conversa, declarar o que eu quero que aconteça para mim é uma conversa. Quando decido meu futuro, é apenas uma conversa, mas uma conversa cheia de poder porque ao falar do que eu quero que me aconteça, todo o meu ser começa a dar coerência às minhas palavras. É muito importante revisar as conversas que temos.

O *Coaching* ocorre naturalmente em uma conversa entre duas pessoas, *coach e coachee,* que falam de metas e objetivos a serem definidos, para projetá-los com riqueza de detalhes, já que a nossa mente necessita pensar em coisas específicas e não gerais. Por exemplo: Eu posso dizer "Eu quero melhorar o meu relacionamento com minha filha", mas seria melhor ser mais específico: "Eu quero ir ao cinema essa semana com minha filha e tomar um café da manhã com ela pelo menos duas vezes na semana nos próximos dias".

Quanto mais específico, melhor para o nosso sistema nervoso, mais eficiente, e há mais possibilidades que aconteça o que estou afirmando. Uma vez definido e desenhado, o objetivo deve ser planejado e programado, isto é, "como" e "quando". Colocar ação e verificar os resultados.

O *Coaching* torna-se um companheiro de viagem do *coachee*, não seu amigo, nem seu pai ou mãe, ou um mentor, já que o *coach* não tem que saber o que o *coachee* sabe. O *coach* sabe fazer perguntas para o cliente, para que ele escolha as respostas que melhor lhe convém, e assim, assuma a responsabilidade de escolher o que acredita que ser melhor para sua vida. Como objetivo final, o *coach* deve buscar que o *coachee* seja absolutamente autônomo e não dependa do *coach* para seguir planejando seu futuro.

É importante pensar no futuro e planejá-lo? Sim, já que, ao final de tudo, é onde vamos passar o resto de nossa vida. Podemos concluir quase categoricamente que o *Coaching* não serve para corrigir o passado, mas para inventar um futuro melhor, aceitando que o que aconteceu não tem de ser igual ao que irá acontecer. O nosso passado não tem que ser igual ao nosso futuro. Devemos entender que para que o nosso futuro seja diferente, só nos resta colocar todo o nosso foco de atenção no único momento sobre o qual temos real poder... Nosso presente. Tudo o que pensamos, dizemos e fazemos hoje, está criando o futuro onde estaremos pelo resto de nossas vidas.

Uma vez, um pai queria impressionar seu filho e, à beira da praia com seu olhar para o horizonte, perguntou-o: "Onde é o fim do mar?" Então a criança apontando para os pés disse: "Aqui mesmo, papai".

Nossa vida e nosso futuro estão bem à frente do nosso próximo segundo de vida: O que você vai fazer "agora" para continuar seu processo de criação vital?

Aplicando essa forma de trabalhar a *Qualidade de Vida e a Saúde*, estamos desafiando nossa atual situação, decidindo uma série de objetivos, desenhando-os e definindo-os com detalhes para começar nossa viagem particular para o que queremos ser e fazer com nossa *Qualidade de Vida* em todos os seus domínios.

A *Qualidade de Vida* pertence a cada um de nós e, é por isso que devemos tomar consciência de nossa situação atual e em seguida assumir a responsabilidade de cuidá-la e, por consequência, aplicar as ações necessárias para abordar e atingir essas metas desejadas para desfrutar da *Qualidade de Vida* que cada um de nós merecemos.

Ter "*Saúde e Qualidade de Vida*" é algo natural do ser humano, embora não seja normal. Isto é, se observarmos ao nosso redor, encontraremos uma imensa maioria de pessoas que estão satisfeitas com seu nível de *Saúde e Qualidade de Vida*, o que nos faria concluir que é normal estar doente ou sofrer de alguma doença, ou pelo menos não usufruir da saúde desejada. Muito embora a "Curva de Gauss" nos mostre que é normal estar doente, obviamente esta não é a natureza do ser humano, o natural é estar saudável e desfrutar de uma boa *Qualidade de Vida*.

Como você observa a tua curva?

Como conseguir estar dentro da normalidade em relação à Saúde e Qualidade de Vida?

Figura 1. *A aplicação da Curva de Gauss para a Saúde e Qualidade de Vida.*

Conselhos para o maximizar o aproveitamento deste livro

OBSERVE sempre o seu interior. O *Coaching* tem muito a ver com desafiar as formas de fazer as coisas que até agora tinham funcionado e que, talvez, não estejam nos levando mais longe. De fato, o que serviu para trazer-nos à situação na qual estamos, não tem porquê ser capaz de nos levar mais longe. Parar em cada momento para observar a você mesmo e se perguntar se é a melhor opção disponível para mim ou existe outra maneira de fazer as coisas, que me desafia e ao mesmo tempo me leva além.

REFLITA em cada um dos capítulos e dedique um tempo a compreender a teoria para poder passar posteriormente a praticar cada uma das sugestões que podemos oferecer.

ABRA-SE para os temas com uma boa dose de humildade. Muitas pessoas são impedidas de crescer e aprender, precisamente, por conta da postura de acreditar que já sabem o suficiente. A mentalidade de sempre querer aprender e o compromisso com esse aprendizado fará com que seja capaz de aprender e tirar proveito, não somente deste livro, mas de cada situação da vida. Muitas pessoas têm nas mãos oportunidades brilhantes de aprendizado, mas a sua falta de abertura à aprendizagem, fazem com que fiquem presas nas mesmas atitudes e aptidões. Por exemplo, imagine que você tem um problema com seu companheiro de equipe, com seu parceiro ou um amigo e você insiste em defender uma posição de querer estar certo, sem cogitar humildemente à possibilidade de estar errado. Você não irá aprender absolutamente nada dessa situação, portanto, você não vai ter acumulado experiência, entendido isso como o que você aprende depois de viver uma situação específica.

ENVOLVA-SE 100% em todo o processo de aprendizagem e assim poderá chegar a esse compromisso em que falamos. Há uma diferença importante entre envolvimento e o comprometimento. Certa vez, em uma fazenda, falavam um porco e uma galinha do tempo enfadonho que passaram ali juntos, então eles concluíram que deveriam montar um negócio. "Que negócio?" Perguntou o porco. Então a galinha respondeu: "Vamos montar uma tenda que venda sanduiches de ovo e presunto". Rapidamente o porco percebeu que nessa sociedade a galinha estaria envolvida, pois necessitaria apenas colocar ovos, enquanto ele estaria comprometido, colocando sua vida para produzir o presunto.

Em muitos casos as pessoas não obtêm melhor resultados, porque elas somente estão ENVOLVIDAS (não comprometidas), com suas equipes, seus colegas, e o pior, com seus sonhos.

APROVEITE ao máximo cada página deste livro de *Coaching*, VIVA-O, EXPERIMENTE o que está lendo e tire suas próprias conclusões. Pedimos que não acredite em tudo o que dizemos, afinal de contas, é nossa experiência e pesquisa. Porém, o que para você será mais importante é a sua própria experiência, assim, a tudo o que dizemos, atreva-se a experimentar e tire suas próprias conclusões. Então, te convidamos a entrar em contato conosco e nos dizer como foi essa experiência de conhecer situações distintas.

PERGUNTE sempre que tenha dúvidas. Ao final do livro estão os nossos e-mails para qualquer esclarecimento ou sugestão.

Tenha uma atitude mental POSITIVA perante a vida, e no fim, o resultado vai depender em grande parte, de como nós vemos o copo meio cheio ou meio vazio. Sempre é melhor sorrir do que queixar-se.

A partir de hoje, faça do *Coaching* seu estilo de vida e assuma, não somente a responsabilidade de seus resultados e da sua vida, mas seja você mesmo uma fonte de inspiração para aqueles ao seu redor, incentivando-os a sonhar e a colocar ação suficiente para atingir suas metas. Não existem conversas estáticas, ou seja, sempre em um encontro entre duas ou mais pessoas, alguém está influenciando alguém. Por isso, se você é consciente disso e assume a responsabilidade, pode tornar-se um catalisador de atitudes, algo muito necessário nesta sociedade.

Qualidade de vida

2

Introdução à Qualidade de Vida

A busca do significado da expressão *Qualidade de Vida* parece ser tão antiga quanto a própria civilização. Desde a antiguidade, diferentes referenciais filosóficos buscaram definir a perspectiva de vida com qualidade. O desenvolvimento histórico-cultural da humanidade faz referências a tentativas de definir a *Qualidade de Vida* mesmo antes da era cristã. Em obras como Nicomachean Ethics, Aristóteles (384-322 a.C.) mencionava que pessoas diferentes concebem uma boa vida ou o bem estar como sendo o mesmo que felicidade, e que o significado de felicidade é uma questão polêmica, pois alguns afirmam ser uma coisa, outros dizem ser outra. Na verdade, muito frequentemente o mesmo indivíduo pode atribuir diferentes significados de acordo com a situação que vivência: Quando adoece, encara a saúde como felicidade e, quando empobrece, concebe-a como riqueza e prosperidade.

Ao enfrentar a pena de morte no tribunal da corte ateniense, Sócrates já se referia à *Qualidade de Vida*. Afirmou temer coisas piores que a própria morte, porque não era a vida que contava, mas a *Qualidade de Vida*. Para o filósofo, o mérito moral determinava essa qualidade.

Portanto, nota-se que a *Qualidade de Vida*, desde as épocas mais remotas, já era compreendida como resultado de percepções individuais, podendo variar de acordo com a experiência da pessoa em um determinado momento.

Na era moderna, o termo *Qualidade de Vida* foi mencionado pela primeira vez em 1920 por Pigou, em um livro sobre economia e bem-estar material, o qual relacionou a *Qualidade de Vida* com apoio governamental oferecido para as classes menos favorecidas. Pigou avaliou o impacto sobre a vida das pessoas e as finanças nacionais.

Não obstante, o termo *Qualidade de Vida* foi popularizado pelo economista J. K. Galbraith em 1958, o qual transmitiu uma visão diferente das prioridades e efeitos dos objetivos econômicos do tipo quantitativo.

De acordo com este conceito, os objetivos políticos-econômicos e sociais não só deveriam ser vistos em termos de crescimento econômico quantitativo e do crescimento material dos padrões de vida, mas também da melhoria em termos qualitativos das condições de vida dos seres humanos. Isto seria possível através de um melhor desenvolvimento da estrutura social, ligado à supressão das disparidades, regionais e sociais, na defesa da preservação do meio ambiente, etc.

Cabe destacar que a nomenclatura referente à *Qualidade de Vida* varia de acordo com diferentes autores usando outros sinônimos como "sentido da vida", "felicidade", "status funcional", "ajustamento social", "satisfação", "saúde", "bem-estar", entre muitos outros que são tão abstratos como o exposto, e provocam, da mesma forma, uma grande indefinição e falta de clareza.

No entanto, e de forma geral, o termo *Qualidade de Vida* pode ser considerado multidimensional pois reflete a condição subjetiva de bem-estar físico e mental de um indivíduo. Este conceito não é apenas uma consequência do seu estado de saúde, mas também das condições sociais que rodeiam o sujeito. Igualmente, a Organização Mundial de Saúde (OMS) definiu a *Qualidade de Vida* como "a percepção que um indivíduo tem de sua existência no contexto da cultura e do sistema de valores nos quais ele vive e em relação aos seus objetivos, expectativas, normas e inquietudes. Se trata de um conceito muito amplo que é influenciado de forma complexa pela saúde física do sujeito, seu estado psicológico, nível de independência, suas relações sociais, assim como sua relação com os elementos essenciais de seu ambiente".

Em geral, a saúde e a *Qualidade de Vida* são dois temas estreitamente relacionados, porque a saúde contribui para melhorar a *Qualidade de Vida* dos indivíduos, e esta é fundamental para que um indivíduo ou uma comunidade tenha saúde. Mas, não abrange somente a saúde física e mental, mas principalmente que as pessoas estejam bem consigo mesmas, com a vida, com as pessoas próximas. Portanto, ter *Qualidade de Vida* é estar em equilíbrio.

Para garantir uma boa *Qualidade de Vida* é necessário ter hábitos saudáveis; cuidar bem do corpo; ter uma alimentação equilibrada; relacionamentos saudáveis; ter tempo de lazer e outros hábitos que fazem as pessoas se sentirem bem e trazem consequências positivas, como o uso do humor para lidar com situações estressantes; estabelecer metas na vida; sentir que está no controle de sua própria vida.

Qualidade de Vida pode estar presente em diferentes padrões de vida, e muitas pessoas confundem os termos. O padrão de vida é uma medida que quantifica a qualidade e quantidade de bens e serviços disponíveis.

Por sua vez, a interação desses componentes (saúde e *Qualidade de Vida*) define um aspecto de grande interesse para as ciências biomédicas denominado qualidade de vida relacionada à saúde (ver gráfico). A *Qualidade de Vida* relacionada à saúde é a medida em que o bem-estar físico, emocional e social é afetado por uma doença (especialmente crônica) ou pelo seu tratamento.

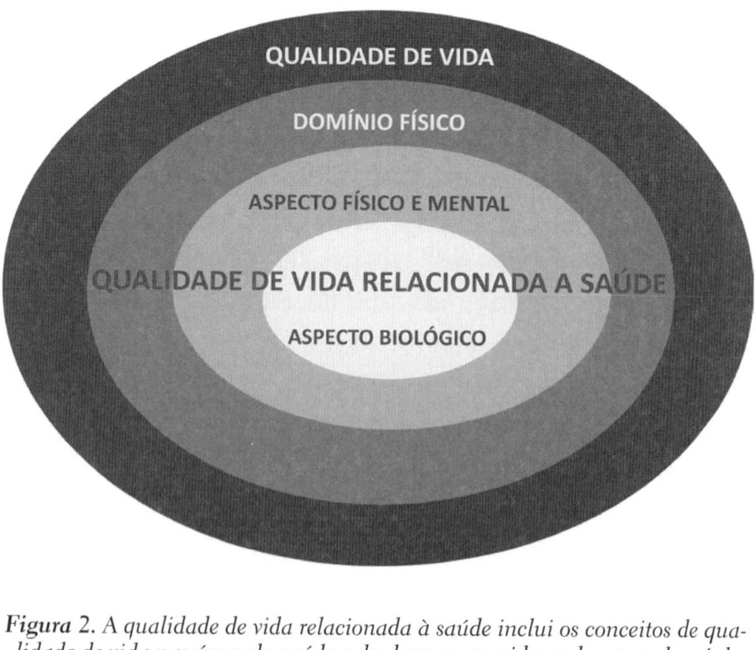

Figura 2. *A qualidade de vida relacionada à saúde inclui os conceitos de qualidade de vida nas áreas da saúde e da doença, considerando o papel social, físico e mental de cada indivíduo. Adaptado de Khanna, et al.*[4]

Desta maneira, e com base na definição e construção teórica do conceito a *Qualidade de Vida* parece consolidar-se como uma variável importante tanto na vida diária, como na produção de conhecimento na área da saúde, e especificamente o *Coaching* pode fornecer uma metodologia e uma ferramenta específica.

De uma forma mais concreta, a definição e avaliação não está apenas em poder do profissional que avalia e diagnostica, mas passa a ser uma ferramenta na tomada de consciência para o verdadeiro protagonista, ou seja, o analisado.'

Ao tomar consciência da situação através da avaliação, o *Coaching* acrescenta ao indívíduo algo que até o presente momento correspondia ao avaliador. Não se trata de esperar passivamente que nos digam o que temos ou não que fazer. Do contrário, este relevador conhecimento deve servir para que a responsabilidade pela nossa *qualidade de vida* volte a nos pertencer e assim possamos ser os condutores de sua aplicação, aumentando o conhecimento e aplicando em nossa vida cotidiana. Este último envolve a criação de um plano de ação criado pela próprio protagonista. A partir desta perspectiva, não devemos esperar pela receita do profissional da área médica, e sim começar a planejar tudo que nos aproxime de uma melhor saúde e *Qualidade de Vida*.

Muitas vezes, a saúde parece ser da competência exclusiva dos profissionais de saúde, e poderia considerar-se uma espécie de "patrimônio expropriado", sobre o qual parece que temos direitos limitados. Trata-se do processo estabelecido pela medicina, constatado e provado de: diagnosticar, intervir e prescrever, para que o protagonista tome consciência, ou seja, perceba a sua situação atual e assuma a responsabilidade por sua saúde agindo, para resgatar algo que pertence a sua *qualidade de vida*.

Avaliação da Qualidade de Vida

Os primeiros instrumentos destinados a avaliar a *Qualidade de Vida* apareceram na literatura na década de 1970 e, desde então, tem mostrado um desenvolvimento considerável. Neste sentido, nas últimas décadas foram desenvolvidos e validados diferentes ferramentas (instrumentos ou questionários) relativamente simples para medir a *Qualidade de Vida* relacionada à saúde.

A Organização Mundial da Saúde desenvolveu um instrumento "*Avaliação da Qualidade de Vida da Organização Mundial da Saúde*" (WHOQOL)[2,3], instrumento composto por 100 itens, cuja versão em português foi traduzida e validada por Fleck et al[5] para avaliar a *Qualidade de Vida* de uma perspectiva transcultural.

Considera-se que o conceito de qualidade é subjetivo e multidimensional, e inclui aspectos positivos da vida, como independência funcional, desempenho de uma atividade com alegria; e negativos, como a fadiga, a dor e a dependência de medicamentos e sentimentos negativos.

Seis domínios fazem parte desta abordagem proposta pela OMS[2]. Consiste nos seguintes grupos:

- Psicológico
- Físico
- Nível de independência
- Relações sociais
- Ambiente
- Espiritualidade / religião / crenças pessoais

Cada domínio é composto, por sua vez, por vários subdomínios que são avaliados por quatro questões. Desta maneira, o instrumento é formado por 24 subdomínios específicos e um domínio geral que inclui questões de avaliação global da *Qualidade de Vida*.

No entanto, devido à grande utilização em nível internacional, bem como a sua facilidade de aplicação (porque dispõe de menos questões), apresentaremos a ferramenta conhecida como SF-36, composta por 8 domínios gerais, incluindo: capacidade funcional, aspectos físicos, dor, estado geral de saúde, vitalidade, aspectos sociais, aspectos emocionais e saúde mental, avaliando assim, a Qualidade de Vida relacionada à saúde. Este questionário foi adaptado para a língua portuguesa por Ciconelli et al[6].

Essas escalas representam os conceitos de saúde mais frequentemente utilizados nos principais questionários da área. Em seguida, será oferecido um conjunto de orientações que devem ser seguidas para a aplicação e interpretação corretas da ferramenta SF-36:

1. Todos os itens são baseados em quanto maior a pontuação, melhor o estado de saúde.
2. O cálculo é atingido após a soma dos itens que compõem a escala.
3. Os resultados obtidos para cada domínio são transformados numa escala de 0 a 100. Por exemplo, se uma pergunta tem 3 possíveis respostas, são pontuadas de 0 – 50 – 100; com 5 possíveis respostas são pontuadas de 0 a 25 – 50 – 75 – 100; e com 6 possíveis respostas 0 – 20 – 40 – 60 – 80 – 100. Os itens não respondidos não são considerados.

4. O questionário permite o cálculo de 2 somatórios de pontuação, o componente somatório físico (PCS) e mental (MCS), mediante a combinação das pontuações de cada dimensão, como pode ser visto na Tabela 2.
5. Para analisar individualmente o componente somatório físico (PCS), deve-se calcular os seguintes domínios: capacidade funcional, aspectos físicos, dor e estado geral de saúde. Por outro lado, para analisar o componente somatório mental (MCS) são utilizados os seguintes domínios: vitalidade, aspectos sociais, aspectos emocionais e saúde mental.

Conteúdo da Escala SF-36			
Significado das pontuações de 0 a 100			
Domínio	Nº de itens	"Pior" pontuação (0)	"Melhor" pontuação (100)
Capacidade funcional	10	Muito limitado para realizar todas as atividades físicas, incluindo o banho, devido à saúde.	Executa todos os tipos de atividades físicas, incluindo as mais vigorosas, sem qualquer limitação devido à saúde
Aspecto físico	4	Problemas com o trabalho ou outras atividades diárias devido à saúde física.	Nenhum problema com o trabalho ou outras atividades diárias devido à saúde física
Dor	2	Dor muito intensa e extremamente limitante.	Nenhuma dor nem limitações devido à saúde
Percepção geral da saúde	5	Avalia própria saúde precária e acredita que pode piorar.	Avalia a própria saúde como excelente.
Vitalidade	4	Se sente cansado e exausto durante todo o tempo.	Se sente muito dinâmico e cheio de energia durante todo o tempo.

Aspecto social	2	Interferência extrema e muito frequente nas atividades sociais normais, devido a problemas físicos ou emocionais.	Executa as atividades sociais normalmente, sem nenhuma interferência devido a problemas físicos ou emocionais.
Aspecto emocional	3	Problemas com o trabalho e outras atividades diárias, devido a problemas emocionais.	Nenhum problema com o trabalho e outras atividades diárias devido a problemas emocionais.
Saúde mental	5	Sentimento de angustia e depressão durante todo o tempo.	Sentimento de felicidade, tranquilidade e calma durante todo o tempo.

Tabela 1. *Conteúdo da Escala SF-36. Adaptado por Ciconelli et ali*[6].

As características das pontuações são as seguintes:

A. Os temas e os domínios do questionário resultam em pontuações que são diretamente proporcionais ao estado de saúde; quanto maiores, melhor o estado de saúde.

B. A pontuação para cada domínio varia de 0 a 100.

C. O questionário detecta tanto estado positivo da saúde, quanto negativo.

D. O conteúdo das questões centra-se no estado funcional e bem-estar emocional.

E. Seu âmbito abrange a população geral e pacientes, e é usado em estudos descritivos e de avaliação.

Componente	Domínios relacionados
Somatório mental (MCS)	• Vitalidade • Aspecto social • Aspecto emocional • Saúde mental
Somatório físico (PCS)	• Capacidade física • Aspecto físico • Dor • Percepção geral da saúde

Tabela 2. *Domínios correspondentes aos componentes somatórios mental e físico.*

Considere como exemplo um homem de 30 anos, que preenche o questionário e obtem os seguintes resultados.

Capacidade física	60
Aspecto físico	65
Dor	70
Percepção geral de saúde	70
Vitalidade	75
Aspecto social	80
Aspecto emocional	65
Saúde mental	70
Total	69,4

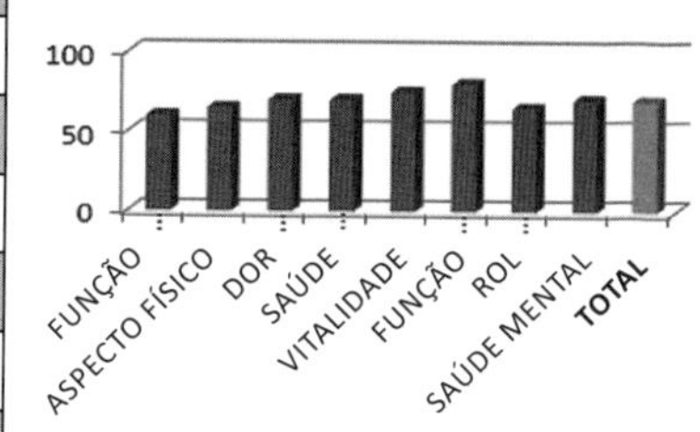

Tabela 3. Suposta aplicação do questionário SF-26

Cada um dos aspectos é avaliado individualmente, oferecendo uma pontuação de cada um dos domínios. Além disso, a média obtida através do cálculo global nos oferece a avaliação global do indivíduo. Neste caso particular, obtemos uma pontuação de 69,4 pontos dos 100.

Se, por outro lado, realizarmos o cálculo dos componentes somatórios (tanto físico como mental) se obtém os seguintes resultados.

PCS (Componente Físico)	
Capacidade física	60
Aspecto físico	65
Dor	70
Percepção geral de saúde	70
Total	66,3

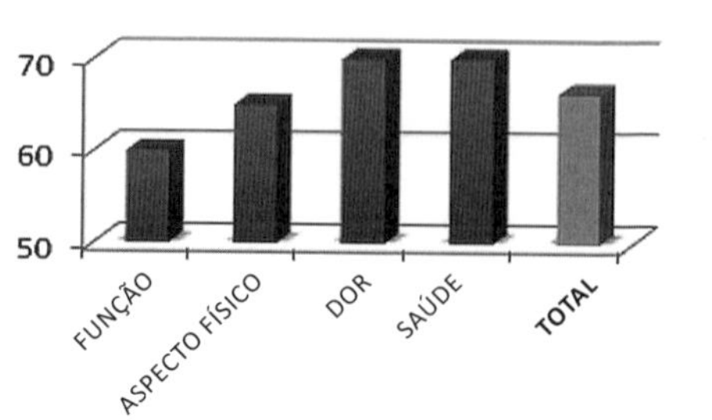

Tabela 4. Âmbito da aplicação do componente somatório físico.

Podemos observar como os valores correspondentes a *Qualidade de Vida* relacionada com a mente possui valores superiores para a *Qualidade de Vida* do que as dimensões relacionadas a fatores físicos. Estes resultados permitem que permitem conhecer, com maior profundidade, os diferentes aspectos que se relacionam com a qualidade de vida das pessoas.

MCS (Componente Mental)	
Vitalidade	75
Funcão Social	80
Rol Emocional	65
Saúde Mental	70
Total	72,5

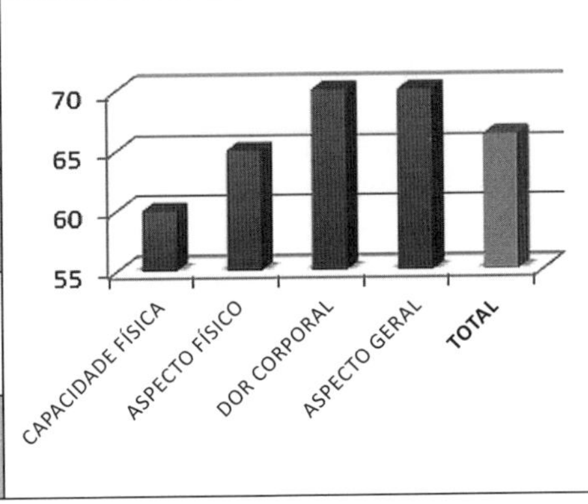

Tabela 5. Aplicação do componente somatório mental

Segue abaixo todos os itens do questionário, para que você possa fazer uso dele.

Por favor, responda às seguintes perguntas. Algumas perguntas podem parecer com as outras, mas cada uma possui sua particularidade.

Utilize o tempo que precisar para cada pergunta e circule uma opção que melhor descreve a sua resposta.

1. Em geral, você diria que sua saúde é:

1) Excelente 2) Muito boa 3) Boa 4) Regular 5) Ruim

2. Como está sua saúde atual, em comparação com um ano atrás?

1) Muito melhor agora do que há um ano.
2) Um pouco melhor agora do que há um ano.
3) Mais ou menos igual que um ano atrás.
4) Um pouco pior agora do que há um ano.
5) Muito pior agora do que há um ano.

3. As perguntas a seguir referem-se a atividades ou coisas que você poderia fazer em um dia normal. Sua saúde atual, te limita a realizar essas atividades ou coisas? Se sim, como?

a) Esforços intensos, tais como correr, levantar objetos pesados, ou participar de esportes extenuantes.

1) Sim, limita muito. 2) Sim, limita um pouco 3) Não, não limita nada.

b) Esforços moderados, como mover uma mesa, passar aspirador de pó, jogar boliche ou caminhar mais de uma hora.

1) Sim, limita muito. 2) Sim, limita um pouco 3) Não, não limita nada.

c) Levar o sacola de compras.

1) Sim, limita muito. 2) Sim, limita um pouco 3) Não, não limita nada.

d) Subir vários lances de escada.

1) Sim, limita muito. 2) Sim, limita um pouco 3) Não, não limita nada.

e) Subir apenas um lance de escada.

1) Sim, limita muito. 2) Sim, limita um pouco 3) Não, não limita nada.

f) Agachar ou ajoelhar-se.

1) Sim, limita muito. 2) Sim, limita um pouco 3) Não, não limita nada.

g) Andar um quilômetro ou mais

1) Sim, limita muito. 2) Sim, limita um pouco 3) Não, não limita nada.

h) Caminhar várias centenas de metros.

1) Sim, limita muito. 2) Sim, limita um pouco 3) Não, não limita nada.

i) Caminhar por cerca de 100 metros.

1) Sim, limita muito. 2) Sim, limita um pouco 3) Não, não limita nada.

j) Tomar banho ou vestir-se.

1) Sim, limita muito. 2) Sim, limita um pouco 3) Não, não limita nada.

4. Durante as últimas semanas, com que frequência você já teve algum dos seguintes problemas no seu trabalho ou em suas atividades cotidianas, por causa de sua saúde física?

a) Você teve que reduzir o tempo gasto no trabalho ou atividades cotidianas?

1) Sempre 2) Quase sempre 3) Algumas vezes 4) Só uma vez 5) Nunca

b) Você teve que fazer menos do que você queria fazer?

1) Sempre 2) Quase sempre 3) Algumas vezes 4) Só uma vez 5) Nunca

c) Você teve que deixar de fazer algumas tarefas no trabalho ou em suas atividades cotidianas?

1) Sempre 2) Quase sempre 3) Algumas vezes 4) Só uma vez 5) Nunca

d) Você teve dificuldade em fazer o seu trabalho ou suas atividades cotidianas (qualquer uma que, por exemplo, te custou mais do que o normal?

1) Sempre 2) Quase sempre 3) Algumas vezes 4) Só uma vez 5) Nunca

5. Durante as últimas 4 semanas, com que frequência você já teve algum dos seguintes problemas no trabalho ou em suas atividades cotidianas por causa de algum problema emocional (como sentir-se triste, deprimido ou nervoso)?

a) Você teve que reduzir o tempo gasto no trabalho ou em suas atividades cotidianas por quaisquer problemas emocionais?

1) Sempre 2) Quase sempre 3) Algumas vezes 4) Só uma vez 5) Nunca

b) Você fez menos do que queria fazer devido a algum problema emocional?

1) Sempre 2) Quase sempre 3) Algumas vezes 4) Só uma vez 5) Nunca

c) Você realizou o seu trabalho ou atividades cotidianas com menos cuidado do que o habitual, por causa de problemas emocionais?

1) Sempre 2) Quase sempre 3) Algumas vezes 4) Só uma vez 5) Nunca

6. Durante as últimas 4 semanas, até que ponto a sua saúde física ou problemas emocionais dificultaram as suas atividades sociais habituais com família, amigos, vizinhos ou outras pessoas?

1) Sempre 2) Quase sempre 3) Algumas vezes 4) Só uma vez 5) Nunca

7. Você teve dor em alguma parte do corpo durante as últimas 4 semanas?

1) Não, nenhuma 2) Sim, muito pouco 3) Sim, um pouco
4) Sim, moderado 5) Sim, muito 6) Sim, muitíssimo.

8. Durante as últimas 4 semanas, até que ponto a dor dificultou o seu trabalho habitual (incluindo o trabalho fora de casa e trabalho doméstico?)

1) Nada 2) Um pouco 3) regular 4) Bastante 5) Muito

9. As perguntas a seguir referem-se a como você se sentiu e como as coisas têm sido nas últimas 4 semanas. Para cada pergunta responda o que é mais parecido com o que sentiu. Durante as últimas 4 semanas, com que frequência ...

a) Sentiu-se cheio de vitalidade?

1) Sempre 2) Geralmente 3) Às vezes 4) Apenas uma vez 5) Nunca

b) Esteve muito nervoso?

1) Sempre 2) Geralmente 3) Às vezes 4) Apenas uma vez 5) Nunca

c) Era tão baixo seu entusiasmo que nada poderia animá-lo?

1) Sempre 2) Geralmente 3) Às vezes 4) Apenas uma vez 5) Nunca

d) Se sentiu calmo e tranquilo?

1) Sempre 2) Geralmente 3) Às vezes 4) Apenas uma vez 5) Nunca

e) Teve muita energia?

1) Sempre 2) Geralmente 3) Às vezes 4) Apenas uma vez 5) Nunca

f) Se sentiu deprimido e desanimado?

1) Sempre 2) Geralmente 3) Às vezes 4) Apenas uma vez 5) Nunca

e) Se sentiu esgotado?

1) Sempre 2) Geralmente 3) Às vezes 4) Apenas uma vez 5) Nunca

f) Se sentiu feliz?

1) Sempre 2) Geralmente 3) Às vezes 4) Apenas uma vez 5) Nunca

g) Se sentiu cansado?

1) Sempre 2) Geralmente 3) Às vezes 4) Apenas uma vez 5) Nunca

10. Durante as últimas 4 semanas, com que frequência têm a saúde física ou os problemas emocionais dificultado suas atividades sociais (como visitar amigos ou familiares?

1) Sempre 2) Geralmente 3) Às vezes 4) Apenas uma vez 5) Nunca

11. Por favor, diga se você acha certo ou falso cada uma das seguintes frases:

a) Eu acho que fico doente com mais facilidade do que outros.

1) Totalmente certo 2) bastante certo 3) Não sei 4) Muito falso
5) completamente falso

b) Eu sou tão saudável quanto quero

1) Totalmente certo 2) Bastante certo 3) Não sei 4) Muito falso
5) completamente falso

c) Eu acho que a minha saúde vai piorar

1) Totalmente certo 2) Bastante certo 3) Não sei 4) Muito falso
5) completamente falso

d) Minha saúde é excelente

1) Totalmente certo 2) Bastante certo 3) Não sei 4) Muito falso
5) completamente falso

Além disso, colocamos a sua disposição as tabelas para que você possa realizar os cálculos correspondentes do questionário e conhecer o nível de *qualidade de vida* que você atribui para si mesmo ou para outra pessoa.

Capacidade física
Aspecto físico
Dor
Percepção geral de saúde
Vitalidade
Aspecto social
Aspecto emocional
Saúde mental
Total

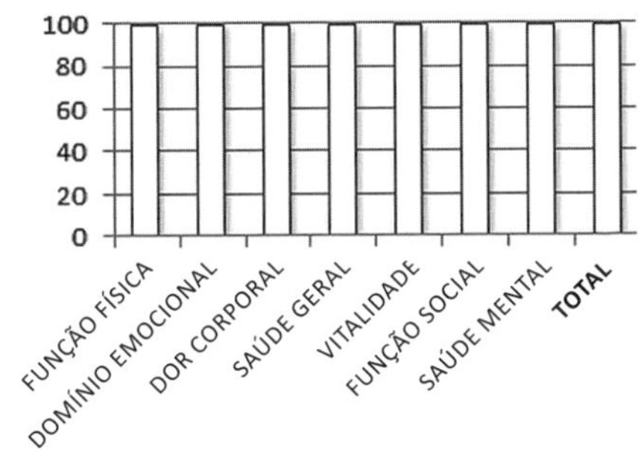

***Tabela** 6. Aplicação do questionário SF – 36*

Reflexões pessoais:

PCS (Componente Físico)
Função Física
Domínio Físico
Dor Corporal
Saúde Geral
Total

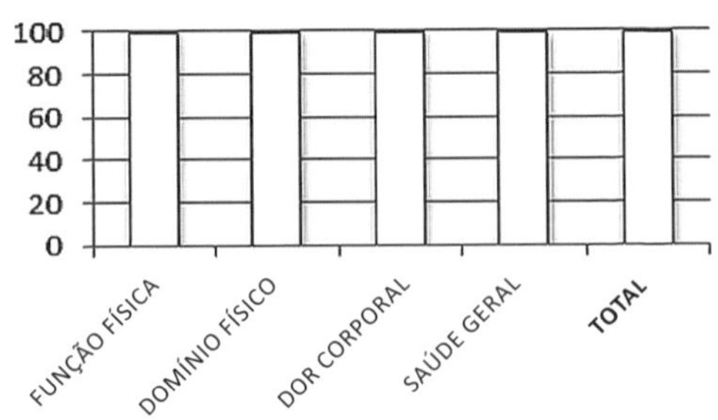

***Tabela** 7. Aplicação do componente somatório físico.*

Reflexões Pessoais:

MCS (Componente Mental)	
Vitalidade	
Função Social	
Domínio Emocional	
Saúde Mental	
Total	

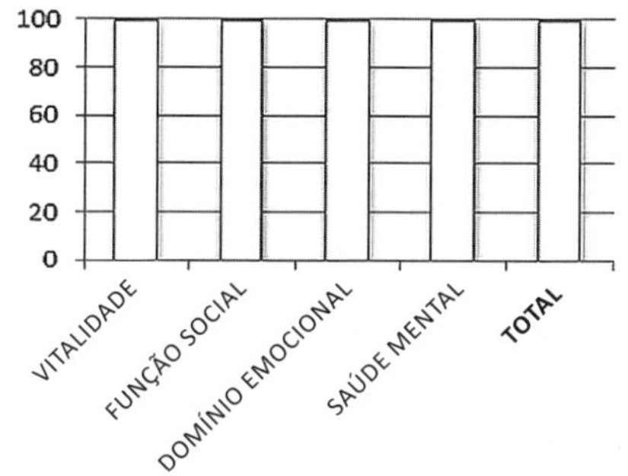

Tabela 8. Aplicação do componente somatório mental

3
Origens do *Coaching*

Origens do *Coaching*

A origem do *Coaching*, embora pareça que estamos falando de algo muito recente, remonta a um cenário muito remoto. Por volta dos anos 470-399 a.C. viveu o grande filósofo grego Sócrates, que já desafiava seus alunos a alcançar resultados maiores e a extrair deles mesmos as soluções aos diferentes conflitos que traziam para o mestre. Ele sempre se alegrou em dizer que havia se dedicado a mesma profissão de sua mãe, que era parteira e, como ele mesmo dizia, ela ajudava a trazer vidas ao mundo, e ele se dedicava a despertar essas vidas. Usando um método que ele chamou de *Mayéutica*, método intuitivo que lhe permitia direcionar as pessoas às resoluções dos problemas por meio de perguntas, cuja lógica iluminava a compreensão e definia as respostas. De acordo com o pensamento de Sócrates, o conhecimento e o autocontrole permitiriam restabelecer a relação entre o homem e a natureza. Sem dúvidas, ele estava falando sobre o desenvolvimento do potencial humano. Observe um diálogo entre o filósofo e seu discípulo Teeteo:

> Sócrates – E nunca ouviste falar, meu gracejador, que eu sou filho de uma parteira famosa e imponente, Fanerete?
>
> Teeteto – Sim, já ouvi.
>
> Sócrates – Então, já te contaram também que eu exerço essa mesma arte?
>
> Teeteto – Isso, nunca.
>
> Sócrates – Pois fica sabendo que é verdade; porém não me traias; ninguém sabe que eu conheço semelhante arte, e, por não o saberem, em suas referências à minha pessoa não aludem a esse ponto; dizem apenas que eu sou o homem mais esquisito do mundo e que lanço confusão no espírito dos outros. A esse respeito já ouviste dizerem alguma coisa?
>
> Teeteto – Ouvi.
>
> Sócrates – Queres que te aponte a razão disso?
>
> Teeteto – Por que não?
>
> Sócrates – Basta refletires no que se passa com as parteiras, para apanhares facilmente o que desejo assinalar. Como muito bem sabes, não servem para exercer o ofício de parteira as mulheres que ainda concebem e dão à luz, mas apenas as que se tornaram incapazes de procriar.
>
> Teeteto – Perfeitamente.
>
> Sócrates – Dizem que a causadora disso é Ártemis: por nunca haver dado à luz, recebeu a missão de presidir com os partos. As estéreis de todo, ela não concede a faculdade de partejar, por ser fraca em demasia para adquirir uma arte de que não tenha experiência. As que já passaram de idade foi que ela concedeu esse dom, para honrar nelas sua imagem.
>
> Teeteto – Compreende-se.
>
> Sócrates – E não é também compreensível, e até mesmo ne-

> cessário, que as parteiras conheçam melhor do que as outras quando uma mulher está grávida?
>
> Teeteto – Perfeitamente.
>
> Sócrates – Sim, por meio de drogas e encantamentos, elas conseguem aumentar as dores ou acalmá-las, como queiram, levar a bom termo partos difíceis ou expulsar o produto da concepção quando ainda não se acha muito desenvolvido.
>
> Teeteto – Isso mesmo.
>
> Sócrates – E não observastes, outrossim, que são casamenteiras muito hábeis, por conhecerem a fundo qual é a mulher mais indicada para este ou aquele varão, para que possam ter filhos perfeitos?
>
> Teeteto – Disso nunca ouvi falar.
>
> Sócrates – Pois fica sabendo que elas se envaidecem mais desse conhecimento do que de saber cortar o cordão. Basta refletires. És de parecer que compete à mesma arte cultivar e colher os frutos e também conhecer que planta ou semente irá melhor neste ou naquele terreno? Ou será diferente?
>
> Teeteto – Não; é a mesma.
>
> Sócrates – E para a mulher, amigo, és de opinião que uma arte ensinará isso, e outra a colher os frutos?
>
> Teeteto – É pouco provável.

Sócrates não é merecedor apenas desse reconhecimento, mas também foi precursor de uma forma de pensamento humanista que foi crescendo ao longo da história.

Creio que seria injusto não citar personagens que tem influenciado de maneira decisiva o que hoje chamamos de *Coaching*, tais como Baltasar Gracián, Lao Tzu, Nietzsche, Goethe, Esopo, Abraham Maslow, Peter Druker, Dale Carnegie, Lao Tze, Virginia Satir, P. Senge, Chopra, Victor Frankl, Watzlawick, Marinoff, Steven Covey, Kubler Ross, S. Jhonson,

Seligman, Napoleon Hill, Vicent Peall, Goleman, Tony Robbins, R. Ryrne, Jonh Grinder, Richard Bandler, Rafael Echeverría, Milton Erickson, e muitos outros que vem somado com seus interessantes trabalhos em um aporte de valor incalculável ao que hoje chamamos de *Coaching*.

Definição do *Coaching*

Coaching, em última análise, consiste em inspirar uma pessoa ou um grupo de pessoas a projetar e definir uma meta e acompanhá-los na execução de seus objetivos, oferecendo-lhes ferramentas e desafiando sua maneira de ser constantemente, compreendendo e assumindo como um axioma que, na maioria das vezes, é a nossa própria maneira de ser que nos impede de chegar mais longe do que nos propomos. Dessa forma, o trabalho de *coaching* consiste em trabalhar e se concentrar em:

1. Não perder a meta de vista e manter o foco sobre ela;
2. Evitar comportamentos que não nos levam para o objetivo a ser alcançado;
3. Identificar quais medos e quais crenças limitadoras estão condicionando atualmente nossas decisões;
4. Dotar-nos das ferramentas necessárias para que possamos incorporá-las em nossas vidas cotidianas e torná-las um hábito;
5. Aprender a nos comportarmos a partir da nossa meta, ou seja, agir como se já a tivéssemos alcançado, percebendo, dessa forma, um mundo de possibilidades que talvez, neste

momento, não estejamos vendo e, mudando drasticamente a maneira como a maioria das pessoas tratam os demais quando estes decidem alcançar uma meta ou um sonho. Nove em cada dez pessoas têm o hábito de desencorajar aqueles que têm um sonho em suas vidas e, realmente, poucas pessoas são capazes de incentivar aqueles que compartilham seus sonhos a seguir adiante e lutar por eles. Devemos começar sabendo que podemos alcançá-lo e agir como se fosse possível e não como uma limitação. Não se trata de forçar nosso corpo além de seus limites, mas saber que podemos trabalhar a cada dia para exigir e crescer um pouco mais. Atualmente, é extremamente necessário entender e colocar em prática diariamente ações específicas que tenham relação com a qualidade de vida para obter o melhor estado possível. E já não serve apenas saber que não estamos doentes, mas devemos também entrar na dimensão de nos sentirmos bem em estar em boa forma física e mental;

6. Devemos dotar-nos de autonomia suficiente para que no futuro não dependamos do acompanhamento de um *coach* para alcançar outros objetivos em nossa vida. É por isso que este livro está projetado para orientar a quem se dedica a treinar outras pessoas ou, para aqueles que querem se tornar um *coach* de si mesmo e, assim, ser responsável pela própria vida e *qualidade de vida*;
7. Reconhecer que o importante em treinamento de *Coaching* é você e o seu sonho, passando sempre, em um segundo momento, ao prazo pactuado e tendo conseguido os objetivos definidos e alcançado a meta proposta.

É um processo que começa por elevar o nível de consciência, ou seja, perceber que você quer alcançar algo maior e, que está faltando uma mudança na tua "observação", o que significa dizer na sua maneira de olhar as situações, afetando de forma poderosa a maneira de ser de cada pessoa.

Tomemos por exemplo a história Walter Herrmann, atacante argentino, que jogou anos pelo Unicaja Málaga, foi inclusive escolhido melhor jogador da Liga Espanhola, jogando no Fuenlabrada na temporada de 2002-2003, ano em que uma tragédia o afetou de maneira arrebatadora: um terrível acidente de avião em Córdoba (Argentina) atingiu Maria Cristina, sua mãe; Barbara, sua irmã de 12 anos e Maria Eugenia, sua namorada. A dor era tão grande que ele pensou por um tempo se devia continuar jogando basquete, ou parar para sempre e regressar ao seu país. Neste caso, sua irmã Jorgelina, o incentivou não somente a continuar a sua carreira, mas também a chegar muito mais longe[7, 8]. Na temporada 2009-2010, ele foi campeão da ACB com o Caja Laboral (ex-Baskonia), e depois rescindiu o seu contrato com a equipe espanhola para retornar para os EUA e continuar a sua carreira com o Detroit Pistons e Charlotte Bobcats da NBA, onde passou vários anos de sua vida.

Definitivamente todos nós precisamos de alguém, como a irmã de Herrmann, para nos lembrar quem somos, qual é a nossa identidade, a nossa missão e nos encorajar a entrar em ação para alcançar o que nós amamos, isso é ser *coach*.

"Não se pode ensinar nada a um homem, só é possível ajuda-los encontrar a resposta dentro de si mesmo."
Galileu Galilei

Também consideramos que deveríamos especificar o que não faz um *coach*, o que não é *coaching*, e lembrar sempre que as respostas se encontram no interior de nós mesmos. Um *coach* não aconselha, não dá soluções, não faz julgamentos de valor, não manipula, não é um bom amigo.

Entendo que não cair nesses hábitos é muito difícil, já que, por exemplo, aconselhar é algo que temos muito arraigado dentro das pessoas, principalmente os homens, que costumam buscar soluções rápidas para tudo.

Quando pedimos algum conselho, não fazemos isso sem descarregar a responsabilidade de nossa decisão em outra pessoa, já que, na hora de tomar alguma decisão, o que tendemos a fazer é olhar para o nosso passado para analisar quantas vezes estivemos em uma situação semelhante, e como saímos dela, se fracassamos ou não, e o que ela nos fez sentir. Ao mesmo tempo, projetamo-nos no futuro e nos imaginamos na situação resultante dessa decisão, criando assim, na maioria das vezes, um final que não é muito promissor, decidindo através da impossibilidade e a partir do medo, ao invés de decidir desde a plena liberdade emocional. Se duvidamos, o que costumamos fazer é "pedir um conselho", é perguntar a outra pessoa o que faria no nosso lugar; e você sabe o que a outra pessoa vai fazer? Exatamente o que você fez, olhar para trás em sua vida, procurar referências sobre uma situação similar que viveu para, depois de se projetar para o futuro e imaginar um resultado mais ou menos condicionado com seus próprios medos, "recomendar" então, o que, segundo ele, você deve fazer.

É certo que, "na imensidão de conselhos estão as respostas sábias", porém, não devemos perder de vista que são apenas opiniões de como o outro agiria em uma situação semelhante. O que pode nos acrescentar é uma visão externa de algo que talvez não estivessemos levando em consideração.

Lembre-se que ao fazer a você mesmo uma pergunta poderosa, poderá extrair de você a melhor resposta a uma situação.

E quando te pedirem um conselho, não se trata de dizer o que você faria, e sim deve se ter em conta o que ele deveria fazer. Dar conselhos é anular a capacidade de resolução da pessoa que está pedindo. Deveríamos começar pedindo para ele tomar consciência sobre o que está acontecendo. Albert Einstein disse que a solução para um problema não pode ser buscada no mesmo nível de consciência em que foi criado o problema. Isto nos leva a não dar soluções, mas a desenvolver a capacidade de realizar perguntas oportunas para nós mesmos ou para as pessoas que nos rodeiam, ou seja, tomar consciência e, assim, poder assumir a responsabilidade. Obviamente não devemos fazer julgamentos, já que cada pessoa tem seus próprios valores e os aceita como os melhores, ao menos nesse momento da sua vida. Todas as pessoas escolhem sempre a melhor opção que elas acreditam que lhes convém, e nosso trabalho como *coach* é lhes mostrar esse modo de agir e se ela decidir que não lhe convém, então podemos inspirá-la a projetar um novo objetivo, desafiá-la a atingi-lo, mas não manipulando-a.

Um dia me perguntaram em um seminário: Qual é a diferença entre influenciar e manipular? Depois de discutir o assunto, chegamos a uma conclusão de que a única diferença está na intenção. Ou seja, se a intenção é obter algo da outra pessoa a qualquer preço e violando seus valores em favor de um interesse pessoal, trata-se de manipular. No entanto, se a intenção é acrescentar algo a vida do outro, para que consiga expandir suas habilidades, concentrando-se em um bem comum, onde todas as partes integrantes ganham, é influenciar.

E por outro lado, um fator a mais que os diferencia é a informação que se oferece ou que se oculta. Em outras palavras, alguém que manipula frequentemente oculta informações e, por outro lado, quem influencia costuma jogar com todas as cartas sobre a mesa, revelando informações que podem ajudar a alcançar o bem comum.

4

Aplicação do *coaching* na saúde e na qualidade de vida

A meta desejada ou o sonho

Sempre que vamos trabalhar uma nova área, neste caso, a *qualidade de vida*, é bom que comecemos com a definição do sonho ou da meta, para assim, definir especificamente qual é o resultado que se deseja alcançar.

O sonho ou a meta é o lugar exato que você quer estar. Para isso, a primeira coisa é reconhecer qual é a situação atual, a situação A e a identificarmos por intermédio de uma série de perguntas.

Em que momento nos encontramos? Circunstâncias de sua vida, amarras, compromissos familiares e sociais, estado de saúde, disponibilidade em termos de tempo e desejo e estado emocional.

Para analisar as diferentes áreas ou aspectos da sua vida e ter uma perspectiva, o mais precisa possível, acerca da percepção que você mesmo tem de cada uma delas, usaremos uma ferramenta chamada de "a roda da vida".

Consiste em, no gráfico a seguir (figura3), que apresenta, como indicamos anteriormente, os diferentes aspectos de sua vida, assinalar com um pontinho de cor vermelha a pontuação que você mesmo se outorga, de 0 a 10, assumindo que 0 é o resultado mais baixo e 10 a nota máxima que você dá.

O que você mede é a sua "satisfação". Por exemplo, no âmbito do trabalho, não é porque você tem um trabalho que você deve colocar um 10, porque talvez o nível de satisfação seja 4, por esse trabalho específico não atender as características que deveria ter para satisfazê-lo totalmente; ou, por exemplo, no amor, não é que se você não tem um parceiro(a), você deve colocar um 0, porque existem pessoas que tem algum parceiro(a) e o seu nível de satisfação é nulo, e existem milhões de pessoas que não têm um parceiro(a), mas avaliam essa área com um 8 ou 9, porque esta situação os mantêm neste momento de sua vida plenamente satisfeitos.

Uma vez que colocado um ponto em cada área e avaliados os diferentes aspectos, o próximo passo é juntar com a sua caneta vermelha todos os pontos e, então, você terá uma figura. Esta figura irá mostrar de uma maneira muito visual onde você deve colocar mais esforço para começar a trabalhar.

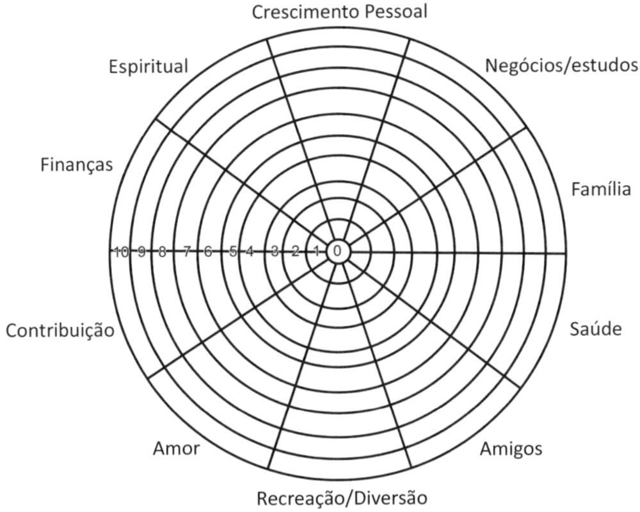

Figura 3. Roda da vida. Você pode entrar no site da Associação Iberoamericana de Coaching Desportivo e Qualidade de Vida (www.asicc.org) e baixar esta ferramenta para utilizar mais vezes.

O ideal é que você tenha obtido uma roda e que sua roda seja a maior possível, dado que, uma roda pequena, construída com pontuações baixas, mostra que você tem uma vida cheia de insatisfações e uma pequena roda, obviamente, não nos levará muito longe.

Mais adiante, vamos usar essa mesma ferramenta, para medir de maneira mais específica alguma área concreta. Por exemplo na avaliação da saúde e *qualidade de vida*.

Com quais recursos você conta? Devemos relembrar que a maioria das pessoas, quando tomam uma decisão, geralmente investigam seu passado para encontrar os recursos que apoiem e suportem a decisão que eles estão tomando no momento.

É por isso que não são tomadas muitas decisões, visto que ao buscar no passado, encontram fracassos suficientes (provenientes de decisões equivocadas) que lhe desencorajam a tomar novas decisões ou simplesmente não encontram qualquer recurso.

O exercício a seguir, o qual chamamos de "diário de realizações", vai ajudar muito a saber com quais recursos contamos para começar a trabalhar com a nossa *qualidade de vida*.

DATA	QUAL FOI A REALIZAÇÃO	COMO CONSEGUIU	O QUE APRENDEU	EM QUE TE AJUDARÁ

***Tabela** 9. Diário de realizações. Você pode entrar no site da Associação Iberoamericana de Coaching Desportivo e Qualidade de Vida (www.asicc.org) e baixar esta ferramenta para utilizar mais vezes.*

O exercício consiste em visualizar uma lista real de realizações que você já alcançou em sua vida, independente da área. Com esta ferramenta perseguimos quatro objetivos:

1. Que você tome consciência de que já alcançou coisas que pareciam difíceis no momento, mas você conseguiu fazê-las.
2. Que você perceba como fez isso, quais os recursos utilizados para alcançar essas realizações.
3. Que você aceite que esses recursos estão integrados em você, e que neste processo para melhorar a sua *qualidade de vida*, você pode usá-los novamente.
4. Que você desenvolva o hábito de estar ciente de seus pequenos sucessos de cada dia e que cada esforço nos traz uma aprendizagem. Se você desenvolver este hábito diário, você vai perceber quantas coisas está aprendendo constantemente.

***O que você gosta da sua situação atual** (A)?* A resposta a essa pergunta pode ajudar a fortalecer comportamentos atuais, e começar a descobrir nossos valores, reconhecendo que costumamos construir nossos sonhos, com base nos nossos próprios valores, como discutido abaixo.

***O que você não gosta na situação** A?* Esta é uma pergunta importante de ser respondida, porque é possível encontrar os pontos de inconformidade que temos e nos dá uma pista de onde podemos começar a trabalhar e em que área da vida. Para esta pergunta, existe um exercício muito interessante, que é o de fazer uma lista de coisas em que se está gastando tempo, dinheiro, energia e/ou o que está causando uma emoção que não gostamos, como mostrado no gráfico na tabela a seguir.

DETALHE	DINHEIRO	TEMPO	ENERGIA	EMOÇÃO

***Tabela** 10. Você pode entrar no site da Associação Iberoamericana de Coaching Desportivo e Qualidade de Vida (www.asicc.org) e baixar esta ferramenta para utilizar mais vezes.*

Na seção "DETALHE", é para colocar o que você acredita que precisa ou deveria eliminar de sua vida.

Em "DINHEIRO" é necessário fazer uma estimativa de quanto dinheiro este detalhe está custando e tomar consciência dele da maneira mais exata possível.

Em "TEMPO" vamos fazer o mesmo, ou seja, calcular quanto tempo está gastando por dia, por semana ou por mês neste detalhe.

O "CUSTO DE ENERGIA" é mais difícil de medir, mas pode ser feito com base no esgotamento, fadiga e, finalmente, os esforços que estão sendo feitos; se trata de tomar consciência dele.

No que diz respeito à "EMOÇÃO", é uma das mais importantes, já que nosso comportamento está intimamente relacionado com nossa emoção. Se nos sentimos tristes, nosso comportamento será triste, ou se nos sentimos apaixonados, o nosso comportamento, em consequência, será apaixonado. Por isso é muito importante reconhecer e perceber a emoção que está sentindo, tanto se é negativa quando se não é, ainda que neste exercício, trata-se apenas de reconhecer se essa emoção é negativa e identificá-la.

Uma vez reconhecida a situação A, é muito importante dedicar um tempo indeterminado a projetar a situação B, isto é, a meta desejada ou o seu sonho.

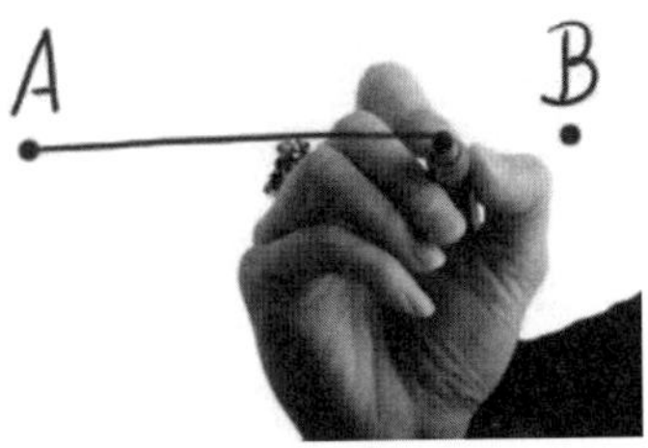

Figura 4. Projeto da situação B

Na verdade, não ter essa meta bem definida pode nos fazer errar de maneira constante ao longo de nossa vida. Lembra-se do livro *Alice no País das Maravilhas?* Há uma história no capítulo seis que nos encanta recordar sempre em nossos cursos, que diz assim:

> *"Gatinho de Cheshire" começou um pouco tímida, pois não sabia se ele gostaria de ser chamado assim, mas ele abriu ainda mais o sorriso.*
>
> *"Vamos, parece ter gostado até agora", pensou Alice, e continuou: "Poderia me dizer, por favor, que caminho devo tomar para sair daqui?"*
>
> *"Isso depende bastante de onde você quer chegar", disse o Gato.*
>
> *"O lugar não importa muito...", disse Alice.*
>
> *"Então não importa o caminho que você vai tomar", disse o Gato.*[9]

É muito importante saber exatamente onde queremos chegar, quando se trata de nossa *saúde e qualidade de vida*, não há outra maneira a não ser eleger o caminho que temos que seguir, caso contrário passaremos a vida inteira improvisando.

Esta situação deve ser o mais exata possível, podemos usar uma série de perguntas poderosas, que despertem em nós tanto o desejo de sonhar, como a capacidade de desenvolvimento dessa meta.

Como eu gostaria de estar em um ano? (Ou um determinado tempo) / O que eu gostaria de saber fazer nesse tempo? / Quais habilidades eu gostaria de desenvolver? / O que eu gostaria de ter nesse tempo?

É necessário escrever estas listas de coisas que vão surgindo, e ao mesmo tempo ir classificando por grupos de curto, médio e longo prazo. O motivo para que você faça esse planejamento por tempo é para estabelecer objetivos, e dessa forma começar a alcançar essas metas. Poderíamos colocar na lista de curto prazo aquelas metas que podemos e nos propomos a cumpri-las em menos de um ano. Médio prazo seria entre um e três anos e longo prazo, de três a cinco anos ou mais.

Existe uma lista que chamamos da lista dos inconcebíveis, ou seja, todas aquelas coisas que gostaríamos de ser, fazer e ter, mas agora não vemos maneira de como a planejar ou como faríamos para iniciar, inclusive na área da saúde e *qualidade de vida*. Poderia ser qualquer coisa, por exemplo, para um goleiro de futebol, a chance de ganhar um troféu de goleiro menos vazado, sabendo que nesta nova temporada, nem se quer ele é o titular da equipe. É possível que acredite ser algo impossível, embora sonhe com isso.

É necessário escrever este desejo também, fundamentalmente por dois motivos. Primeiro, porque escrever nos ajuda a descrevê-lo e esta atividade desencadeia em nossa mente um processo de imaginação, necessário para a primeira fase da criação. Qualquer coisa criada, passou inevitavelmente por duas fases: Criação mental de quem a imaginou e materialização.

No que diz respeito à *Saúde e Qualidade de Vida*, poderia ser desde sair de uma doença crônica, passando por obter ótimos níveis de triglicérides e colesterol, e até mesmo alcançar o estado ideal para poder executar uma corrida popular em seu bairro e uma meia maratona.

O que não somos capazes de imaginar,
não somos capazes de criar

Outra razão do porquê é necessário pensar sobre o nosso futuro e estabelecer metas é porque nos ajudará a ativar o nosso Sistema de Ativação Reticular (SAR), que é a parte mais antiga do sistema nervoso; é uma grande região do cérebro que inclui a formação reticular e as suas ligações, a partir da qual emanam as fibras que conduzem impulsos inversos para o córtex desde a medula espinal. Quando estimulamos o SAR, é produzido um estado de alerta consciente, que faz possível a percepção, que é estimulada pelo estado de vigília (estar mais desperto). O funcionamento do Sistema de Ativação Reticular é essencial para a consciência.

É o que nos faz "ficar acordado", é o que nos leva a um estado de atenção. A atenção desempenha um papel importante em diferentes aspectos da vida das pessoas.

Reategui explica que a atenção é um processo discriminativo e complexo que acompanha todo o processamento cognitivo, além disso, o responsável por filtrar a informação e ir atribuindo recursos para permitir a adaptação interna do organismo em relação às demandas externas[10]. Isto é muito importante porque ao ativar este sistema, encontramos dentro de nós os recursos de adaptação para ir moldando nosso comportamento em prol da meta estabelecida e, no caso de estar focado em melhorar a nossa saúde e qualidade de vida, encontrarmos os recursos necessários para nos movermos em direção a esse objetivo.

Outros autores consideram que a atenção é um mecanismo, que coloca em ação os processos que intervém no processamento da informação, participa e facilita o trabalho de todos os processos cognitivos, regulando e exercendo controle sobre eles.

A atenção modifica a estrutura dos processos psicológicos, fazendo com que esses surjam como atividades orientadas a certos objetivos, o que é produzido de acordo com o conteúdo das atividades planejadas que guiam o desenvolvimento dos processos psíquicos, sendo a atenção uma faceta dos processos psicológicos. É o que faz com que possamos ver aquilo que "decidimos" ver. Por exemplo, se lhe dissermos para nesse momento se concentrar e olhar em diferentes direções, buscando tudo que seja de cor vermelha e dedicar um segundo para fazê-lo, vejamos o que ocorre.

Se você já fez isso, deixe-nos lhe fazer duas perguntas. A primeira: Quantas coisas em vermelho você não tinha notado antes, mas viu agora? E, a segunda: Quantas coisas de cor verde você viu? Exatamente, nenhuma. Isto porque o seu SAR foi ativado para «selecionar» o que estava vendo.

Como você pode ver, estamos falando de um mecanismo extremamente poderoso nas pessoas, porque nos ajuda a concentrar, focar e dirigir nossa atenção para um lugar ou um objetivo específico, neste caso, os objetivos e metas que irão melhorar significativamente a sua saúde e *qualidade de vida*.

Esta atenção pode ser:

- Seletiva: É a capacidade de uma pessoa para responder aos aspectos essenciais de uma tarefa ou situação, e ignorar ou abster-se de dar atenção aqueles que são irrelevantes. No caso de escolher a saúde e *qualidade de vida* como um objetivo, nos fará deixar de ver aquilo que nos faria perder o foco dos nossos objetivos.
- Dividida: Este tipo de atenção se dá quando perante uma sobrecarga de estímulos, os recursos atencionais com que o sujeito conta são distribuídos para uma atividade complexa

que, no caso de estar trabalhando em nossa saúde e *qualidade de vida* é o mais indicado, já que podemos utilizar nossa atenção em diferentes áreas, decidindo, em cada momento, como usar essa atenção.

- Sustentada: É a atenção que ocorre quando um indivíduo deve permanecer ciente das exigências de uma tarefa, e ocupar-se com ela por um longo período de tempo e é a que necessitamos aos nos tornarmos responsáveis por nossa saúde e qualidade de vida e ter que sustentar essa decisão por anos. Uma consequência disso, por exemplo, estar convivendo com alguma doença crônica, ou ainda estar sendo curado de alguma enfermidade.

A atenção involuntária ou causada por um estímulo externo ou outra pessoa tende a ser passiva, instável e emocional, porque a pessoa não se esforça nem dirige a sua atividade para o alvo ou situação, nem tampouco está relacionada com suas necessidades, interesses e motivações imediatas. Por isso não funciona quando uma pessoa insiste em que você faça algo pela sua qualidade de vida se não é uma meta pessoal sua.

"Quem assume para si uma meta que não é sua, está assumindo a própria infelicidade." Lair Ribeiro

Atenção e Motivação

Entendemos por motivação o processo que de alguma forma inicia, dirige e sustenta uma sequência de condutas dirigidas e focadas em uma meta; é um dos fatores determinantes do comportamento, e que tem a ver com algumas variáveis hipotéticas, que são as razões.

Isso significa que podemos dizer que a motivação é a união de duas palavras: motivo e ação, razão pela qual podemos definir a motivação como a capacidade de encontrar um ou vários motivos que gerem em você ação suficiente para dar o primeiro passo e sustentar essa ação ao longo do tempo.

No entanto, a motivação e a emoção têm sido consideradas como fatores determinantes da atenção, deste modo um estado de grande motivação e interesse tende a fechar o nosso foco de atenção, diminuindo a capacidade de atenção dividida, assim como o tom emocional dos estímulos que vêm a nós e nossos sentimentos em relação a eles contribuem para determinar qual será o nosso foco de atenção prioritária.

A atenção é considerada como propriedade da percepção e, produz dois efeitos principais:

- Que os objetos sejam mais claramente percebidos;
- Que a experiência perceptiva não se apresente de uma forma desorganizada, de modo que, ao excluir e selecionar dados, estes se organizam em termos de figura e fundo.

A existência de atenção no processo de percepção significa que o homem não só ouve, mas também escuta, mesmo em níveis intensos, e que o homem não só vê, mas observa e contempla.

Uma vez entendido as razões pelas quais você precisa escrever esses desejos e manter o foco em nossos objetivos, será muito mais fácil alcançar suas realizações.

Recordemos das palavras ditas pelo jogador de basquete americano, Michael Jordan:

"Em todo momento eu tinha em mente o que queria ser, ou seja, o tipo de jogador que eu queria me tornar... Sabia exata-

mente aonde desejava chegar e me concentrei em fazê-lo... É tudo questão de mentalidade... Eu acho que eu poderia ter aplicado este sistema para qualquer atividade que tivesse escolhido e teria obtido o mesmo resultado[13]".

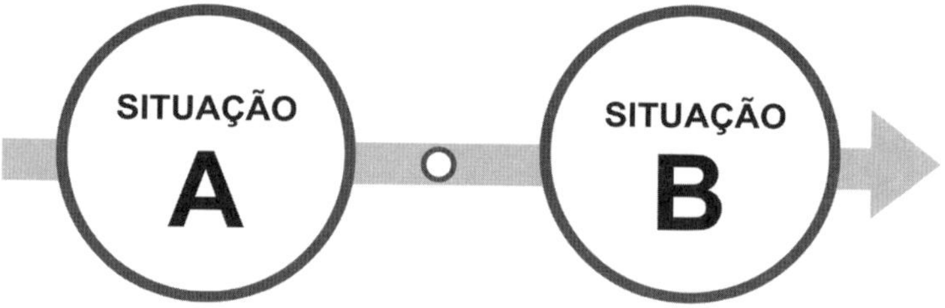

***Figura** 5. Projeto para a execução da realização.*

Lembre-se que Michael Jordan não foi selecionado para jogar no time da escola, mas sua mentalidade competitiva, seu espírito de superação e seu foco no que ele queria ser, tornou-o, apesar das dificuldades, o melhor jogador de basquete de todos tempos[13].

Em todo o processo de *coaching*, devemos começar pelo modo de ser, já que é a partir daqui que nossas ações nascem, é a partir do "ser" que se constrói o "fazer" para chegar ao "ter". Temos encontrado muitos casos de clientes que querem ter os resultados sem estarem dispostos a trabalhar em ser, e isso é começar a construir uma casa pelo telhado. Se somos capazes de começar trabalhando a conduta, hábitos, crenças, valores, auto-imagem e tudo o que molda nossa personalidade, será muito mais fácil incorporar novas ações, o que é igual a desenvolver novas habilidades e assim dar um maior e mais duradouro suporte ao resultado desejado.

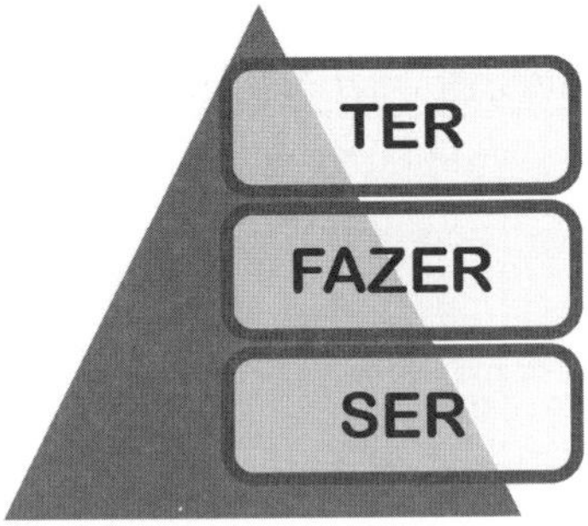

Figura 6. *Plano de Trabalho para o processo de Coaching.*

Nesta figura podemos ver que a base da pirâmide da nossa vida é sustentada pelo "ser" e a partir daqui podemos "fazer" o que for, mas em congruência com o que somos e, evidentemente, como consequência "teremos" como resultado aquilo que fizemos e o que somos. Durante anos foi dado muito valor para aquilo que temos, invertendo esta sequência lógica que mantém a coerência no ser humano e, portanto, não quebrar o processo lógico de ser, fazer e ter, como será explicado mais adiante.

Para alcançar o sonho ou o objetivo, é importante seguir este caminho que é baseado em valores que apoiem e inspirem o trabalho a ser executado sem confrontar abruptamente todo sistema de crenças que temos, mas o suficiente para desafiá-lo. Às vezes queremos definir metas que vão na direção completamente contrária aos nossos valores e esta situação com certeza nos provocará um estado de ansiedade.

Esta planilha vai ajudá-lo a realizar essa tarefa:

SER	FAZER	TER

Tabela 11. *Plano de trabalho de Processo de Coaching. Você pode entrar no site da Associação Latino-Americana de Treinamento Esportivo e qualidade de vida (www.asicc.org) e baixar essa ferramenta se você precisa para fazer isso mais vezes*

Você vai perceber que a sociedade tem nos treinado a fazer exatamente o oposto de como está sendo proposto que você faça agora. O processo lógico do sucesso em qualquer área da vida, neste caso, para alcançar uma melhor *qualidade de vida*, não se trata de ter as coisas acreditando que nos dará uma maior qualidade de vida. O *marketing*, a publicidade, o consumo exagerado tem nos feito acreditar em muitos momentos que ter um carro melhor nos promove uma melhor *qualidade de vida*. Na verdade, muitas marcas associam o seu produto ou serviço com a *qualidade de vida*, sabendo que só eles ganharão milhões se conseguirem que as pessoas acreditem que se não tem essa determinada marca, a sua vida será um caos ou desastre.

Recentemente conhecemos um senhor que trabalhava por horas e horas sem ver sua família ou seu filho de um ano, só porque ele tinha que pagar as prestações do carro de luxo que tinha comprado. Ele me explicou que era muito importante ter esse carro porque era muito mais confortável para viajar. Perguntamos "*Quantas vezes vocês saem para viajar os três juntos?* " Ele me respondeu: "*Agora menos porque eu tenho que trabalhar duro para pagar o carro.*" Que absurdo! Esse senhor caiu na armadilha de "viajar com mais conforto e mais *qualidade de vida*", ao custo de sacrificar o que realmente teria lhe dado mais satisfação, que sem dúvida, seria estar com seu filho e sua esposa.

O processo lógico é primeiro ser, para entrar assim na dimensão do fazer de forma coerente. Uma vez que você é você, pode fazer o você que vive em seu interior.

Por exemplo, imagine quantas pessoas existem no mundo dedicadas a profissões que não amam, ou simplesmente não gostam. Isso cria nas pessoas um nível de enorme insatisfação, então elas acabam se resignando e pagando enormes preços pela necessidade de pagar as contas, sendo que muitas delas foram contraídas para obter coisas que não necessitavam, mas na época acreditavam que iria aumentar sua qualidade de vida.

Na verdade, cerca de 85% das pessoas que estão trabalhando, não estão felizes com o que fazem, ou em outras palavras, não se sentem realizadas, nem recompensadas, o que está provocando um fenômeno social tão alarmante quanto curioso. Como consequência, isso pode levar à depressão, a principal causa de licença médica na Espanha, juntamente com a ansiedade e o stress. Levantar-se de manhã e ter que ir para o trabalho em uma profissão que você não ama, pode elevar o risco de doenças através das emoções primeiramente, e depois somatizá-las no corpo. Na verdade, o corpo apenas reflete a doença, exteriorizando-a; as emoções são, sem dúvida, um elemento-chave na origem das doenças.

Obviamente, não é a única razão, mas sem dúvida é um dos elementos mais decisivos para o desenvolvimento de uma doença. Tristeza, raiva, medo são emoções negativas e sabemos que cada uma delas estão intimamente ligadas com a liberação de alguns hormônios, que, na medida certa podem ser bons ou tolerados pelo corpo humano, mas em excesso representam um veneno altamente tóxico e, em muitos casos, até mesmo mortal.

É necessário refletir sobre o estresse ao qual nos submetemos todos os dias, e quando ele se torna um inimigo ao invés de um aliado. O estresse é uma resposta natural do nosso corpo que o prepara para enfrentar diferentes contratempos há milhões de anos atrás, como correr para que nenhum leão chegue até nós.

É o que na fisiologia é conhecido como resposta de "luta-fuga". Ela implica na ativação do sistema nervoso simpático e produção de hormônios como catecolaminas e cortisol, hormônios que agem em nosso corpo, aumentando a frequência cardíaca, taxa de sudorese, para que também se torne mais fácil segurar uma arma para se defender, etc.

Hoje continuamos tendo o nosso sistema de luta e fuga, porém, em um mundo industrializado, onde os estressores são o telefone, as contas bancárias, a casa, o trabalho, etc. Neste caso, a liberação sustentada de catecolaminas e outros hormônios, como o cortisol, geram diversos problemas de saúde.

A produção mantida pelo estresse de catecolaminas pode dar lugar a uma diminuição por esgotamento da sua produção. Diferentes estudos mostraram como o déficit desses neurotransmissores pode gerar depressão. Além disso, sabemos que, nestes casos, a ativação do sistema nervoso simpático gera um aumento de 50% na produção de cortisol e fibrinogênio (favorecendo processos inflamatórios), aumentando a frequência cardíaca, a pressão arterial, a taxa de glicose no sangue, colocando assim o pâncreas em trabalho mais intenso, e portanto, favorecendo o aparecimento de doenças como a diabetes. O cortisol é também um "devorador" de ossos, podendo promover a osteoporose e intervindo na perda de tecido muscular e depleção do sistema imunológico.

É um círculo fechado que deve ser definitivamente quebrado e o lugar onde você pode se atrever a quebrá-lo, se dá depois que você decidir o que quer ser. No final, o que você tem ou não, não têm relação alguma com a sua *qualidade de vida*. Você pode desfrutar muito mais daquilo que chamamos de vida.

Deixe-nos fazer mais uma reflexão acerca deste assunto. Milhares de pessoas com as quais nos encontramos em nossos workshops e seminários, nos dizem que estão trabalhando para "ganhar a vida". Você já parou para pensar sobre essa expressão? Como se tivéssemos de sair vitorioso daqui; desde o nascimento, tudo o que podemos fazer é ser feliz e manter as nossas vidas com a mais alta qualidade possível, porque simplesmente no final, você não vai ganhar a vida, você vai perder. Você está morrendo desde o dia em que você nasceu. Tudo o que podemos fazer é insistir que entre o nascimento e a morte, vivamos com a melhor qualidade possível em todos os sentidos.

O processo de ouro da mudança

Para produzir qualquer grande mudança em sua vida, vamos te propor um processo que chamamos de "processo de ouro", por conta do seu valor. São penas 5 passos, mas é fundamental que os siga na ordem proposta:

1º passo. O que você Quer?

Este é o primeiro passo e, obviamente, como todo primeiro passo, é o mais importante. Na verdade, ele é tão simples que milhares de pessoas tem o evitado e diminuído a sua importância e, consequentemente, o seu valor. Milhões de pessoas todos os dias andam pelas ruas de nossas cidades sem saber o que querem. Perguntamos em nossos seminários: O que vocês querem? E no melhor dos casos, as respostas são: Ser feliz! Isto é onde nós queremos ir.

2º Passo. Seja específico

Nossa mente não entende as metas e objetivos ambíguos e imensuráveis, ou seja, temos que ser muito específicos para decidir o que queremos. Claro que, se no primeiro passo, dissemos que é "ser feliz", neste segundo passo temos que decidir de maneira específica: O que é para mim de maneira específica ser feliz? E começar a concretizar o que é ser feliz para você.

Muitas pessoas dizem: Eu quero mais dinheiro! Mas se você não é específico, nada vai acontecer, ou na melhor das hipóteses, a vida lhe dará alguns centavos a mais e já terás alcançado teu objetivo. Será que você alcançará os seus reais objetivos? Será que você terá o dinheiro que realmente almejava? Quero mais saúde, expressam outras pessoas e é mesma situação. Mas o que para mim significa especificamente estar mais saudável?

Que tal se nós listamos várias coisas que são específicas para você?

Que aspecto da minha vida quero que se torne mais saudável?	O que farei especificamente para alcançá-lo?	Quando começarei?	Como saberei que consegui?

Tabela 12. *O processo de mudança de Ouro. Você pode entrar no site da Associação Americana de Treinamento Esportivo e qualidade de vida (www.asicc.org) e baixar essa ferramenta se você precisa precisar faze-la mais vezes.*

3º Passo. O que o impede de alcançá-lo?

Na maioria das ocasiões, o principal problema ou obstáculo para alcançar os objetivos e as metas, somos nós mesmos. Em muitos casos, nós boicotamos nossos próprios sonhos e estragamos cada planejamento que nós mesmos fizemos.

Se este for o caso, seria de boa ajuda, rever nosso sistema de crenças, para analisar o quanto do nosso software mental está nos apoiando (crenças potencializadoras) ou nos impedindo (crenças limitantes) no sentido de atingir os nossos objetivos.

Queremos que você faça este exercício que mostrará as crenças mais comuns que tem sobre si mesmo. Consiste em terminar a frase "eu sou ..." quarenta vezes. Há uma série de premissas, uma é não pensar muito e a outra é não eliminar qualquer coisa que você colocar. A seguir tem uma tabela estruturada para concluir este exercício.

Eu sou...	
Eu sou...	
Eu sou...	
Eu sou...	
Eu sou...	
Eu sou...	

Eu sou...	
Eu sou...	
Eu sou...	
Eu sou...	
Eu sou...	
Eu sou...	
Eu sou...	
Eu sou...	
Eu sou...	
Eu sou...	
Eu sou...	
Eu sou...	

Tabela 13. *Tabela para o desenvolvimento do que eu sou. Você pode entrar no site da Associação Americana de Treinamento Esportivo e qualidade de vida (www.asicc.org) e baixar essa ferramenta se você precisar fazê-la mais vezes.*

Uma vez preenchido, você pode ler o que colocou sobre si mesmo e se dará conta se a maioria das crenças que você tem sobre si mesmo são potencializadoras ou são limitadoras. Seria interessante que marcasse com diferentes cores, os aspectos positivos e os negativos. Assim, identificará visualmente esses aspectos, o que irá ajudá-lo a perceber se você é um aliado ou um inimigo seu.

Se você é um inimigo de si mesmo, sugerimos que faça um trabalho específico para aumentar a sua autoestima e para isso pedimos que inicie uma série de exercícios muito simples, porém extremamente poderosos.

> – Volte a rever a sua lista de "eu sou" e, neste caso, transforme cada expressão negativa em um compromisso de mudança. Mas você não vai mudá-lo de maneira total e absoluta, porque talvez em algumas coisas você pratica há muitos anos e por isso são automáticas. A ideia é aplicar a filosofia japonesa de Kaizen, ou seja, efetuar pequenas mudanças que podem parecer insignificantes, mas que trazem um pouco de diferença no que você tinha antes. Por exemplo, se um "eu sou" é "Eu sou tímido" não é que de repente você precise pisar em um palco para dar uma palestra sobre o seu tema favorito, mas poderia começar a cumprimentar todo dia, na rua, alguém que você não conhece. Ou perguntar algo para a pessoa que irá te atender na próxima loja onde você entre para comprar algo. E se isso parece muito ainda, basta não usar seu relógio e perguntar a hora a alguém na rua. Esta é uma pequena mudança que gradualmente irá fazendo a diferença em você e você se dará conta de que pode ir incorporando pequenas mudanças nas diferentes crenças que você tem a seu respeito.
>
> – Verifique a sua linguagem e anote quantas vezes por dia você disse frases como:

– Eu não posso

– Isso é muito difícil

– Estou muito mal

– Me sinto terrível

– Não me atrevo

– Etc

– A partir daí, você irá anotar as expressões que você usou e se propor a escolher uma delas por semana semana. Por exemplo, "Eu sou muito ruim" e mude "Eu estou fenomenal." Você vai escolher apenas uma, porque você vai ter que repeti-la dezenas de vezes por dia, incluindo quando andar na rua sozinho. Fique tranquilo se parecer um louco ou uma louca, loucura não tem nada a ver com isso.

– Você também irá verificar a sua fisiologia, fundamentalmente a maneira de andar e se movimentar, porque terá que mudar alguns detalhes. Queremos que entenda que somos seres emocionais e que cada emoção tem uma postura corporal e fisiologia associada. Então, se pedirmos para você se colocar em uma postura de deprimido, tenho certeza que saberá exatamente como fazer com o seu corpo para se colocar nesta posição que está associada a uma emoção concreta. O que você vai praticar neste momento é a modificação da postura e da forma como você se move. Você tem que pensar na emoção que precisa se sentir para se aproximar de seus objetivos. Caso seja, por exemplo a "paixão", vamos pedir que pense em pessoas que você sabe que vivem em um estado de paixão quase contínuo. Observe a sua maneira de mover-se, andar, sentar, respirar ... e comece a moldar o seu padrão fisiológico.

– Você não deve estranhar que lhe peçamos isso, visto que é uma das mais poderosas ferramentas de *coaching* e Programação Neuro-Linguística (PNL). Chamamos isso de *Modeling, ou Modelagem, que se* trata de copiar exatamente o comportamento fisiológico de uma pessoa que está experimentando a emoção que você quer sentir e literalmente "copia-la".

– A experiência interior tem uma estrutura que pode ser moldada, codificada, aprendida, transferida e modificada; isso é simplesmente fascinante, porque nos abre a possibilidade de aprender qualquer coisa que queremos aprender. É aplicável a todos os domínios: saúde, esportes, habilidades, inteligência, línguas, etc. O mais importante da PNL são os processos cognitivos e padrões fisiológicos que as pessoas têm para produzir um resultado específico, então podemos concluir que o que uma pessoa faz, outra pode modelar e produzir os mesmos resultados, afinal, duas chaves iguais, abrem as mesmas fechaduras, ou seja, elas produzem os mesmos resultados.

O próximo passo é ir para um lugar íntimo, olhar no espelho e anotar:

A. Três características físicas boas:

1.
2.
3.

B. Três características emocionais boas

1.
2.
3.

C. Três habilidades sociais que eu reconheço em mim

1.
2.
3.

D. Três habilidades que eu devo pedir e de quem

1.

2.

3.

E. Três habilidades que eu devo oferecer e a quem

1.

2.

3.

- Por último, revise todas as crenças positivas que você colocou na sua lista e memorize-as, porque necessitas internalizar cada coisa boa que você pensa sobre si mesmo, em especial todos os dias. É ideal fazer pequenos cartões com afirmações, esses podem ser levados em sua carteira, no seu notebook ou colocados em diferentes locais, que sejam visíveis para você e que, ocasionalmente, durante o dia te servirão como um lembrete. É muito eficaz também o uso de lembretes programados em celulares e smartphones. É fundamental que cada vez que veja um lembrete, fale essa afirmação sobre você. Sua mente irá agradecer

A ideia é que a sua autoimagem cresça o suficiente para que possa passar para o próximo exercício, que será escolher um grupo de amigos ou familiares, cerca de dez, aos quais você pedirá para fazer uma lista de qualidades e características positivas suas. Você deve saber que serão apenas opiniões, mas é vital saber que é isso que seus entes queridos pensam positivamente de você.

O exercício seguinte ajudará a elevar a sua autoestima, que é a soma do que você pensa e acredita sobre você (autoimagem) e das interpretações e opiniões dos outros. Caso o que esteja lhe impedindo de alcançar os seus objetivos seja algum tipo de medo, façamos o seguinte exercício:

Escreva cinco coisas que você deseja alcançar	Escreva cinco coisas que o impede de realizá-las

***Tabela 14**. Trabalho de imagem adquirida e autoimagem. Você pode entrar no site da Associação Americana de Treinamento Esportivo e qualidade de vida (www.asicc.org) e baixar essa ferramenta se precisar fazê-la mais vezes.*

– Faça uma lista de medos que normalmente fazem com que você adie decisões.

– Faça uma lista de vinte coisas que você precisa e quer fazer e escolha as cinco que você deseja ver cumpridas.

Coisas que devo e quero fazer...	

***Tabela* 15.** *Coisas que eu devo e quero fazer. Você pode entrar no site da Associação Americana de Treinamento Esportivo e qualidade de vida (www.asicc.org) e baixar essa ferramenta se você precisa fazê-la mais vezes.*

– Eles são diferentes das cinco que você listou na Tabela 14?

– Até que ponto a sua tendência para o perfeccionismo impede de executá-las?

– Você espera o tempo ideal ou as circunstâncias favoráveis para começar?

4º Passo. Atue

Não há nada que substitua a ação, absolutamente nada. Nem mesmo a melhor das intenções.

"Mais vale uma grama de ação
que uma tonelada de intenção"

Normalmente, os medos provocam nas pessoas duas reações muito diferentes, mas igualmente fatais. Por um lado, o medo pode bloqueá-las e deixa-las sem ação ou, por outro lado, pode fazer com que realizem coisas que nunca pensaram que poderiam ter feito. Longe de focarmos em coisas que podem ser feitos heroicos, pense na quantidade de coisas que você fez ou falou por medo, que após dois segundos já estava ciente do deslize que acabou de cometer.

A melhor maneira de superar o medo é através da ação, ainda que você cometa erros. Na verdade, antes de agir você nunca saberá se é a ação correta, é algo que se sabe apenas quando é realizada a ação, então lembre-se que:

"A *ação cura o medo*".

5º Passo. Seja flexível

O que é a mesma coisa que dizer, não seja duro consigo mesmo. Não tenha regras excessivamente duras que não te permitam refletir sobre ações que realizou. Tenha a capacidade de olhar para os resultados que queria obter e se eles não são o que você esperava, ignore as regras que estão te impedindo de experimentar outra maneira.

Albert Einstein disse que "O tipo mais comum de loucura é tentar obter resultados diferentes fazendo a mesma coisa".

As perguntas as quais nos referimos anteriormente e que vamos realizar para nós mesmos, devem ter uma série de características para que sejam poderosas e extraiam mesmos as respostas de melhor qualidade. Recorde-se que a qualidade das respostas obtidas depende exclusivamente da qualidade das perguntas formuladas.

Poderíamos dizer que existem diferentes classes de perguntas. As primeiras seriam perguntas fechadas, isto é, que terão como resposta um "sim" ou um "não", a qual não permitirá que continuemos o processo ou se converterá em tarefa árdua. Ao perguntar, por exemplo: – Me sinto confortável nesta posição ou fazendo tal coisa? – a resposta fica condicionada a duas opções, se a resposta for negativa, nos obriga perguntar o porquê. Essa não é uma boa pergunta, já que colocaremos o foco nas razões pelas quais não nos sentimos confortáveis.

Outras classes de perguntas são sugeridas, ou seja, aquelas perguntas que realizamos a nós mesmos, e já sugerimos respostas, por exemplo: eu me sinto confortável nesse cargo? As perguntas abertas farão com que contestemos o que queremos responder, sem condicionar a resposta. Pessoalmente, acreditamos que temos a capacidade de nos fazer perguntas de alta *performance*, nos autoquestionarmos sobre nossos próprios valores, sentimentos, medos e desejos. Naturalmente, as questões devem ser curtas, claras e precisas.

Ao realizarmos essas perguntas, é muito importante que dediquemos tempo para ouvir através da meditação, oração ou escuta interior. Devemos ficar quietos e fazer silêncio interior, silenciar nossa conversa interna para podermos concentrar em nossas verdadeiras necessidades. As pessoas passam a vida procurando satisfazer o que Abraham Maslow chamou Necessidades Básicas Humanas[15].

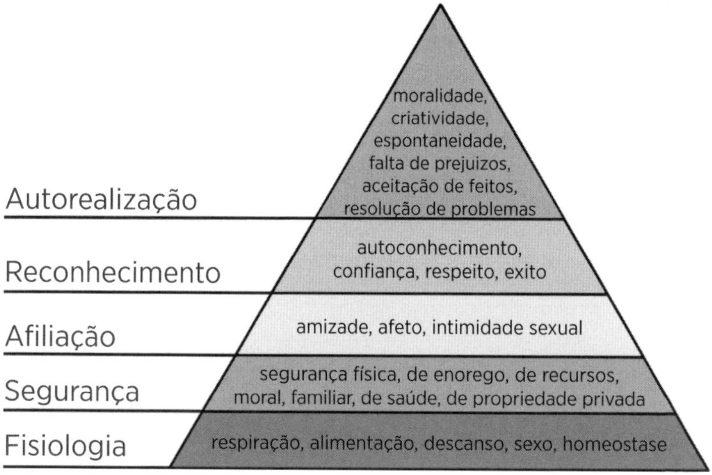

***Figura** 7. Hierarquia das necessidades humanas de Abraham Maslow*[15].

Devemos pensar em como podemos usar esse conhecimento de Maslow de maneira simples, depois de satisfazer nossas necessidades fisiológicas, como a respiração, alimentação, descanso, sexo ou a homeostase, aparecem as outras necessidades e não tem porque aparecer em uma ordem estrita, ou seja, uma pessoa pode estar durante um determinado tempo necessitando satisfazer algumas áreas de sua vida e após esse tempo, necessitar satisfazer outras completamente diferentes. Estas necessidades são:

- SEGURANÇA: Necessidade de conforto. Sabendo que está garantida a segurança física, em primeiro lugar, incluindo a saúde e, posteriormente sentir essa segurança em relação ao trabalho, à economia, aos recursos básicos, para a própria família, sendo este modelo desenvolvido por nossa espécie para sentirmos protegidos contra ameaças externas.
- MUDANÇA: necessidade de inovar. Curiosamente parece ser oposta a anterior, mas na realidade se complementam, porque quando uma pessoa sente segurança em sua vida, a monotonia e o tédio aparecem. É por isso que precisamos de mudança e é a insegurança que nos estimula a sair da zona de conforto. Poderíamos também dizer que estamos falando de aventura, ou que é o mesmo que viver novas experiências que nos permitem quebrar a rotina que, em algumas ocasiões a segurança nos brinda.
- AMOR: necessidade de conexão, ser capaz de amar e ser amado, porque ambos os sentimentos são necessários para os seres humanos. Conquistar amizade, saber que você pertence a um grupo e que se identifica com ele. Experimentar o carinho de outras pessoas e até mesmo experimentar a intimidade sexual. Essa são algumas das necessidades que as pessoas mais reclamam. Desde pequenos, sempre estamos buscando essa conexão e esse afeto é que nos faz sentirmo-nos amados.
- IMPORTÂNCIA: necessidade de reconhecimento, notoriedade. Começando com um auto reconhecimento, que está intimamente relacionado com a nossa autoimagem. Sentir que a confiança é parte da nossa vida, que confiam em nós é uma forma de reconhecimento e, claro, sentir o respeito dos outros e experimentar o sucesso.
- CRESCIMENTO: necessidade aprender e experimentar o crescimento, tanto no âmbito pessoal como profissional. Na verdade, uma das frustrações mais comuns em qualquer atividade profissional é a falta de crescimento, a estagnação e o desenvolvimento dentro da equipe, empresa ou organização

até nosso nível de incompetência, como apresentado em seu livro Dr. Laurence J. Peter, em seu livro "O princípio Peter!", algo que é muito comum no mundo de hoje.

- CONTRIBUIÇÃO: necessidade de dar e de sentir que o que você faz tem significado para os outros. Satisfaz a parte moral do ser humano, desenvolve a criatividade, a espontaneidade. É um enfoque na resolução de problemas, em vez da justificação do porquê não se pode fazer as coisas. Em suma, é saber que, devido ao seu trabalho, alguém vive melhor.

Realmente, faltaria uma necessidade que ignoramos com muita frequência e que realmente não nos damos conta até uma idade muito avançada de nossas vidas, é o SENTIDO DE TRANSCENDÊNCIA, isto é, a necessidade de saber que "você saiu dessa vida com os deveres cumpridos e com a certeza de ter deixado um legado.

A Dr. Elisabeth Kübler-Ross, de origem suíça, realizou um trabalho como acompanhante de doentes em estado terminal, tanto idosos, quanto crianças. Era um processo de ouvir e estar aberta para o que essas pessoas queriam falar. Então começou a desenvolver um esquema das etapas pelas quais passa uma pessoa que está enfrentando a morte. A dor, a rejeição da situação, raiva, negociação, aceitação, a reconciliação com o processo[16]. Este trabalho lhe rendeu reconhecimento internacional no estudo da Tanatologia, teoria que estuda o processo de morrer. Não foi uma decisão fácil, porque ela teve que enfrentar a rejeição de todo um sistema e da comunidade científica, mas acabou sendo reconhecida com vários títulos honorários de universidades de todo o mundo.

Quando as pessoas estavam à beira da morte, Kubler-Ross, lhes fazia perguntas como: O que você faria se pudesse voltar atrás? E, surpreendentemente, duas respostas foram repetidas pela maioria dos pacientes. A primeira não era totalmente improvável, eles diziam: "reconciliar-me com um ente querido", mas a segunda mais repetida pelos doentes, já não era uma resposta tão esperada: "eu teria arriscado mais"[16].

Concluímos que "teria arriscado mais", é uma declaração de arrependimento pelas coisas não realizadas e projetos inacabados, por relacionamentos que não existiram ou deixaram de existir por não ter acreditado nele o suficiente e, por fim, de arrependimento por ter deixado a vida passar sem aproveitá-la, por sair dessa vida com a sensação de não ter cumprido sua missão ou propósito de vida, já que também precisamos satisfazer essa necessidade.

Uma vida equilibrada e plena em termos de qualidade de vida é aquela que atende a todas essas necessidades, por isso cada um de nós é responsável por cultivar ações que nos fazem sentir que cada uma dessas necessidades está sendo atendida.

Evidentemente, as primeiras e mais importantes são as necessidades fisiológicas, mas uma vez que estão sendo satisfeitas em um nível básico, podemos desenvolver outras.

Escreva pelo menos uma ação que você sabe que deve, quer e pode realizar em cada uma das necessidades.

NECESIDADE	AÇÃO	DATA DA AÇÃO
SEGURANÇA		
VARIEDADE		
AMOR		

IMPORTÂNCIA		
CRESCIMENTO		
CONTRIBUÇÃO		

Tabela 16. Ações para necessidades básicas. Você pode entrar no site da Associação Americana de Treinamento Esportivo e qualidade de vida (www.asicc.org) e baixar essa ferramenta se você precisar fazê-la mais vezes.

Os valores

Se estamos falando que os sonhos devem se basear em valores, é importante definir quais são nossos valores e ordená-los.

Embora a questão dos valores seja considerada relativamente recente em nossa sociedade, na verdade, os valores estão presentes desde o início da humanidade. Para os seres humanos sempre foram coisas valiosas: o bem, a verdade, a beleza, a felicidade, a virtude, a família, o sucesso, etc.

Os valores são o resultado de mudanças e transformações que as pessoas vêm sofrendo ao longo da história. Surgem com um significado especial e mudam ou desaparecem em diferentes épocas.

Na realidade, abrange conteúdos e significados diferentes e tem sido abordados a partir de diferentes perspectivas e teorias. No sentido humanista, se entende por valor o que faz com que uma pessoa seja considerada como tal, sem o qual esta perderia sua característica humana ou parte dela. A prática de valor desenvolve a humanidade da pessoa. A partir do ponto de vista socioeducativo, os valores são considerados referências, pautas ou abstrações que orientam o comportamento humano para a transformação social e realização pessoal. São guias que dão determinada orientação ao comportamento e à vida de cada pessoa ou cada grupo social. São os juízes que nos fazem tomar decisões. São nossos guias, os valores são como cavalos em uma carruagem, nós os escolhemos, mas depois eles que "puxam" todo o resto.

"Todo o valor implica a existência de uma coisa ou pessoa que o possui e de um sujeito que o aprecie ou o descubra, mas não é nem uma coisa nem outra. Os valores não têm existência real se não estão ligados aos objetos que o sustentam. Não sendo assim, elas são meras posibilidades[17]".

O que torna algo valioso? A humanidade tem adotado critérios a partir dos quais estabelece a categoria ou a hierarquia dos valores. Alguns desses critérios são:

- Durabilidade: os valores estão refletidos no curso da vida. Existem valores que são mais permanentes no tempo do que os outros.
- Integralidade: cada valor é uma abstração completa em si mesma, não é divisível.
- Flexibilidade: os valores mudam com as necessidades e experiências das pessoas.
- Satisfação: Os valores geram satisfação nas pessoas que os praticam.
- Polaridade: todo valor se apresenta em sentido positivo e negativo; Todo o valor implica um contra valor.
- Hierarquia: Há valores que são considerados superiores e outros como inferiores (aqueles relacionados com as necessidades básicas e vitais). A Hierarquia de valores não é rígida ou

predeterminada; ela é construída gradualmente ao longo da vida de cada pessoa.

- Transcendência: Os valores transcendem além do plano concreto; Eles dão sentido e significado à vida humana e à sociedade.
- Dinamismo: Os valores se transformam com as épocas.
- Aplicabilidade: Os valores se aplicam nas diversas situações da vida; envolvem ações práticas que refletem os princípios válidos para cada pessoa.
- Complexidade: Os valores obedecem a diferentes causas, exigem julgamentos e decisões complexas.

Como avaliamos as pessoas? Como podemos expressar nossas avaliações? O processo de avaliação do ser humano inclui uma série de condições intelectuais e afetivas:

1. A tomada de decisão
2. A estimação
3. A atuação

As pessoas valorizam o que preferem, ao estimar ou eleger uma coisa no lugar de outra, ao formular metas e objetivos pessoais. As avaliações se expressam por intermédio de crenças, interesses, sentimentos, juízos de valor, atitudes e ações.

Como os valores são classificados? Que tipos de valores existem? Não poderíamos concluir uma classificação exata porque depende do contexto, da própria pessoa e suas circunstâncias. Mas poderíamos dizer que existem valores éticos e valores morais.

A hierarquia de valores de acordo Scheler[18] inclui valores agradáveis e desagradáveis, valores vitais e espirituais: o belo e o feio, o justo e injusto, valores de conhecimento puro da verdade e valores religiosos: o santo e o profano.

Agora, vamos aprender um exercício muito valioso, com a intenção de escolher e ordenar seus valores. Te facilitaremos, dando-lhe uma longa lista de valores: honestidade, independência, respeito, felicidade, amor, dignidade, divertimento, alegria, sucesso, ilusão, lealdade, superação, privacidade, intimidade, reconhecimento, segurança, integridade, aventura, paz, poder, harmonia, paixão, conforto, liberdade, coragem, ambição, família, dinheiro, fama, prestígio, vitalidade, inteligência, agradecimento, aprender, crescer, alcançar, serenidade, criatividade, contribuição, beleza, tolerância, amizade, aceitação, saúde e todos que você achar necessário acrescentar.

Então lembre-se de um momento de sucesso e muita felicidade no seu trabalho.

Que valores prevaleciam no momento lembrado? (Faça uma lista desses valores)

Qual a diferença daqueles valores com os que você tem agora?

Existe algum pedágio ou preço que você está pagando por ter se afastado daqueles valores?

____

____

____

____

O que vai fazer? Quais são as ações que você vai tomar?

____

____

____

____

Talvez percebamos que houve uma diferença entre os valores que tinha em momentos de sucesso e felicidade e os que tem agora. Por isso, é necessária a priorização, que geralmente chamamos de ordenar nossa escala de valores.

Para fazer isso, escolha dez dos valores que você acha que são os mais importantes para estar constantemente presente em sua vida. Uma vez eleito, você vai ter que classificá-los por ordem de importância, dando o primeiro lugar para o valor que considerar mais importante e assim por diante. Uma vez colocada em ordem de importância, considere a seguinte pergunta:

Se alguém tivesse a solução para o problema da fome no mundo e pudesse vendê-la para você, com quais dos seus valores pagaria? Retire três valores listados na sua lista de valores importantes. Em seguida, se faça a seguinte pergunta: Se eu tivesse a solução para acabar com o sofrimento das crianças do planeta, e pudesse pagar com mais três valores, quais escolheria? A lista foi reduzida para apenas quatro valores. Finalmente, vamos fazer outra pergunta embaraçosa. Qual valor você trocaria por uma determinada solução para a pessoa que você mais ama (filho, mãe, família) e que esteve sempre ao seu lado.

Finalmente, sobraram os seus três valores mais importantes. Para ordená-los, pediremos que pense como você poderia viver independentemente dos outros dois. Por exemplo, imagine que restaram apenas o amor, saúde e sucesso. Pergunte-se: Você poderia viver com saúde, independentemente do sucesso e amor? E esta questão vai ajudá-lo a classificar os três últimos valores, definido assim, a sua escala de valores.

Este é um exercício que podemos fazer ocasionalmente a nós mesmos, porque os valores mudam ao longo da nossa vida e é importante saber o que nós valorizamos neste momento específico de nossas vidas, já que é com base nesses valores que vamos construir os nossos sonhos e objetivos.

Sempre surgem dúvidas e confusão sobre a diferença entre o que são valores e princípios. Para esclarecer estes conceitos, partiremos da premissa que os princípios são os valores postos em ação. Por exemplo, se o seu valor é a honestidade um princípio desse valor poderia ser nunca mentir, ou se o seu valor for o esporte, um princípio poderia ser correr meia hora e, um último exemplo, se o seu valor é a saúde, talvez um princípio poderia ser beber 3 litros de água por dia, ou parar de comer açúcar refinado.

Para concluir esta seção, e para evitar que isso tudo se torne uma «declaração de intenções» bonitas, vamos realizar um exercício que será para declarar três princípios para cada um dos três valores que foram ordenados anteriormente por você.

Pense-los bem, porque seu foco e seu esforço para implementar este exercício será suportado nesses princípios.

Assumindo que a saúde é importante para você, considerando que você está lendo este livro, propormos que esse seja um de seus valores e complete sua escala. A seguir, completamos esse valor com três princípios. Faça o mesmo com os outros valores eleitos anteriormente.

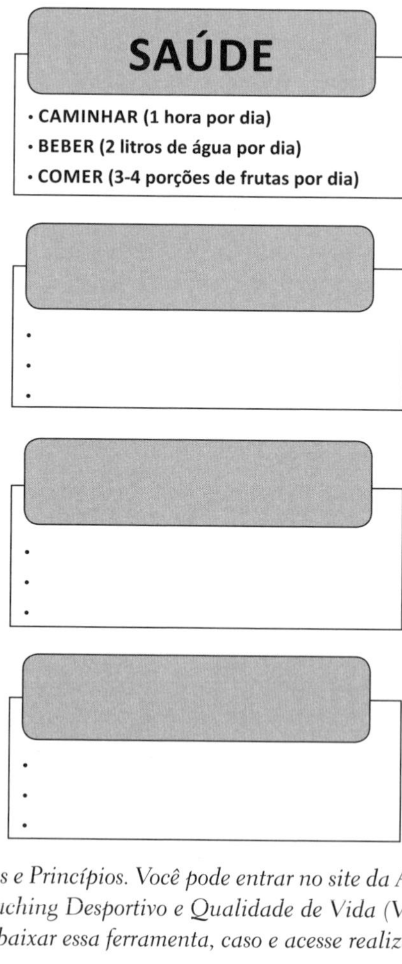

***Tabela** 17. Valores e Princípios. Você pode entrar no site da A Associação Ibero-americana de Coaching Desportivo e Qualidade de Vida (Valores y Princípios (www.asicc.org) e baixar essa ferramenta, caso e acesse realiza-la mais vezes)*

Planificação

Uma vez definido os sonhos ou metas, temos que realizar um planejamento, ou seja um plano de ação para alcançar sua realização. Lembre-se que o planejamento deriva de plano, o que significa que voltamos a lembrar a importância de saber qual o seu destino, a situação B, para assim, poder realizar essa rota, esse plano ou mapa. Vamos começar pela aplicação de uma das ferramentas mais interessantes na hora de planejar os seus objetivos que irá nos aproximar do alcance dessas metas.

Os objetivos são paradas intermédias na estrada que nos leva a realização dos nossos sonhos. Por exemplo, se um time de basquete quer ganhar uma competição, e essa é a meta para este ano, devemos planejar metas intermediárias, tais como vencer certas partidas-chave.

Acreditamos ser importante esclarecer as diferenças entre sonhos, metas e objetivos, pois há muitas opiniões e algumas são incompatíveis. Devemos dizer que é uma opinião subjetiva e esta definição é a que acreditamos, porque simplesmente nos parece mais operacional e menos confusa.

Quando visualizamos o que queremos conseguir ou o que desejamos alcançar, chamamos de sonho. É a visão pessoal do que eu espero ser, fazer e ter no futuro. Por isso, o sonho é a razão pela qual eu vou tirar força para continuar quando as coisas ficarem difíceis. É o que me proporcionará motivação o suficiente para realizar ações. Na verdade, aqui, poderíamos dizer que a palavra motivação, é a união de duas palavras: motivo e ação.

Quando este sonho se concretiza em nossa mente, com todos os detalhes e nós colocamos uma data para cumpri-lo, é quando chamamos de META, ou seja: O lugar exato onde eu quero chegar e quando eu quero.

Esta meta deve ser dividida em partes, que deverão reunir as características básicas do que vamos chamar de objetivos. Os aspectos a serem considerados como elementos-chave de um objetivo são:

- Mensurável: O que não pode ser medido não existe, Peter Drucker disse, fez alusão que aquilo que está no mundo do intangível é difícil de se materializar.
- Escrito: Para que possamos focar e fazer a maior parte do nosso Sistema de Ativação Reticular (SRA).
- Consistente/Congruente: Com os nossos valores e princípios. A Congruência é o poder maior do ser humano, isto é, quando o que pensamos, o que dizemos e o que fazemos, estão em sintonia.
- Atingível: Se nós colocamos objetivo que não são alcançáveis, estaremos constantemente frustrados e acabaremos "jogando a toalha".
- Motivante: Tem que ser inspirador e colocarmos em ação. Lembre-se que a motivação é a união de duas palavras: motivação e ação, por isso é importante ter claro o motivo pelo qual estamos indo por determinado caminho e trabalharmos para alcançarmos esse objetivo, de modo que a ação não enfraqueça, mas sim que seja cada vez maior e mais eficiente.

Por último, esses objetivos têm que ser subdivididos em objetivos menores, ou seja, tarefas específicas para perceber que a soma delas seja cumprimento de um objetivo, que somado a outros faz com que nos aproximemos das metas no tempo previsto, e assim vejamos cumprido nosso sonho. Então você tem uma nova ferramenta que irá ajudá-lo a planejar melhor a partir deste momento.

Em seguida, segue uma ferramenta queque te ajudará a se planejar melhor a partir desse momento.

Para poder realiza-la, primeiro devemos definir de maneira concreta a visão pessoal do nosso sonho e fixar as metas, uma vez feito isso, podemos começar a subdividi-las em objetivos menores.

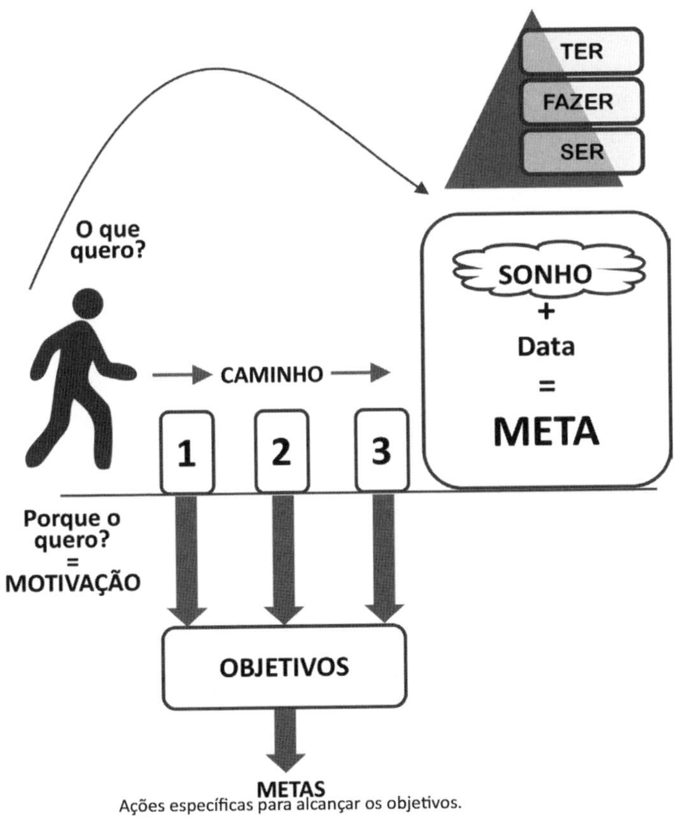

Figura 8. O caminho para alcançar os metas e objetivos. Você pode entrar no site da Associação Americana de Treinamento Esportivo e qualidade de vida (www.asicc.org) e baixar essa ferramenta se você precisar fazê-la mais vezes.

COACHING ESPORTIVO E QUALIDADE DE VIDA

Objetivo ________ Data ________ Área ________

Valor ____________ Prazo ________________

Data de Início _______ Data de Cumprimento ________

1ª Ação ______________________________ D/C________

2ª Ação ______________________________ D/C________

3ª Ação ______________________________ D/C________

4ª Ação ______________________________ D/C________

5ª Ação ______________________________ D/C________

NOTAS:

Porquê:

***Figura* 9.** *Cartão de Desenvolvimento e Planejamento dos objetivos. Você pode entrar no site da Associação Americana de Treinamento Esportivo e qualidade de vida (www.asicc.org) e baixar essa ferramenta se você precisar fazê-la mais vezes.*

→ Ordem do objetivo. Área que afeta. Que valor de sua vida está implicando. E prazo de execução do objetivo.

→ Definição do objetivo. As datas de começo e de cumprimento são muito importantes.

→ Cinco das ações imediatas que irá realizar para alcançar seu objetivo. É necessário escolher o dia da execução dessa ação.

→ Anotações pessoais.

→ Porque é importante para você este objetivo.

5

Recomendacões vitais

Atividade física e exercício físico para a saúde e qualidade de vida

De onde partimos

Atualmente, há uma tendência clara ao sedentarismo (inatividade física), por quê?

- Há um século, um terço da energia gasta nas fábricas e fazendas era de origem humana.
- Atualmente, menos de 1% do total desta energia provem da força muscular do ser humano, em consequência, a necessidade de movimento é cada vez menor.

Em relação ao sedentarismo, a Espanha, com 47% de população inativa, ocupa uma posição média-alta em relação ao conjunto dos países da Europa. No Brasil, dados do IBGE revelam que, aproximadamente, 60% da população está sedentária.

SEDENTARISMO = DOENÇA?

Nos países desenvolvidos, o sedentarismo é o 4º fator de risco para a mortalidade, e está comprovado como uma forte evidência científica sua influencia sobre outros fatores de risco: a hipertensão, Diabetes Mellitus II e sobrepeso (1ª, 3ª e 5ª fatores respectivamente). Ele está atuando direta e indiretamente aumentando o risco de morte, além de estar associado à incidência de 26 tipos de câncer[18].

Figura 10. *Não realizo atividade física habitualmente, estou doente?*

Por que realizar atividade física e exercício?

Segundo a O.M.S[19] existem fortes evidencias científicas de que a atividade física e/ou o exercício físico:

- Reduz o risco de morte prematura;
- Reduz o risco de morte por doença cardíaca ou acidente cerebrovascular;

- Reduz em até 50% o risco de ocorrer doenças cardiovasculares, Diabetes Mellitus II ou câncer de colón;
- Reduz o risco de ocorrer certos tipos de câncer;
- Contribui com a prevenção da hipertensão arterial, doença que afeta a um terço da população adulta de mundo;
- Contribui com a prevenção de osteoporose (diminui 50% do risco de sofrer uma fratura de quadril);
- Diminui o risco de ocorrer dores lombares e escapulares;
- Contribui com o bem-estar psicológico: reduz o estresse, a ansiedade, a depressão, e os sentimentos de solidão;
- Ajuda a controlar o peso, diminuindo o risco de obesidade em até 50%;
- Ajuda a desenvolver e manter as massas ósseas e musculares, e as articulações.

Além disso, embora com evidência científica um pouco mais moderada, há uma série de outros benefícios tanto para a saúde física, quanto mental dos praticantes.

Diferença entre atividade física e exercício físico e seu impacto na saúde

Atividade física: Qualquer movimento corporal realizado pelos músculos esqueléticos e que produz um gasto energético acima do repouso. Por exemplo: lavar o carro, jardinagem, etc.

Exercício físico: É planejado, uma atividade estruturada, que tem como objetivo intermediário ou final a manutenção ou a melhoria de um ou mais componentes da aptidão física. Por exemplo. Corrida, caminhada rápida, aeróbica, step, etc.

Figura 11. Diferença entre Atividade Física e Exercício Físico.

Embora ambas as atividades sejam benéficas para a saúde, o exercício é mais eficiente.

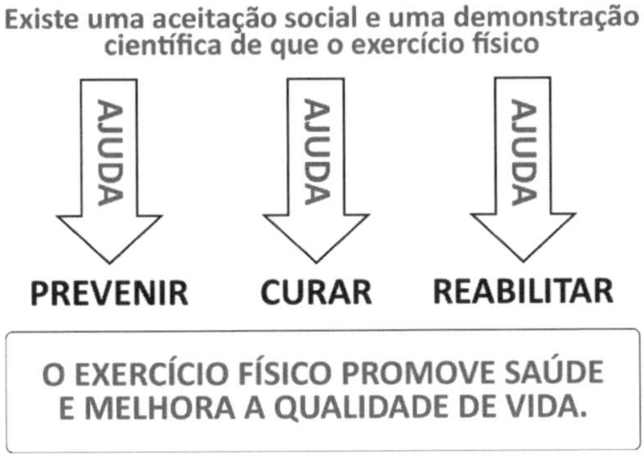

Figura 12. Subsídios e causas da prática do exercício físico.

Figura 13. Caminhos e consequências que afetam o seu estilo de vida.

Preciso mudar meu estilo de vida?

Para responder a esta pergunta, é necessário rever os seguintes questionamentos:

- Como estão os meus hábitos alimentares?
- Como está o meu estado psicológico (autoestima, stress, etc.)?
- Como estão as minhas relações sociais?
- Como está o ambiente onde vivo?
- Como está minha prática de atividade física e/ou exercícios físicos?

No capítulo 4 deste livro, são dadas muitas dicas e recomendações sobre a forma de gerir estas mudanças comportamentais. Através delas, nós deveríamos repensar os seguintes conceitos:

Estilo de vida sedentário

Combinação de trabalho sedentário (várias horas por dia sentado) e falta de exercício físico regular ou atividades recreativas.

Estilo de vida Ativo

Quando se pratica, no mínimo, 30 minutos por dia de atividades como:

Exercício Físicos

Caminhada

Ciclismo

Natação

Jardinagem

Outros

Posso mudar meu estilo de vida?

O processo de mudança pode ser visto logo abaixo:

***Figura** 14. Processo de mudança.*

Se os passos não são planejados em direção à mudança, costuma acontecer o que se pode ver na última imagem[20].

*Portanto, para evitar o abandono da prática de exercício físico, é muito importante compreender as etapas a serem seguidas

Passos para mudança no estilo de vida

Decisão e definição de metas: Minhas metas devem ser realistas em relação aos meus objetivos e prazos, como vimos na secção 4.3 sobre os valores que vamos usar e quais as ações que iremos desenvolver.

Avaliação Médica e de aptidão Física. Existe uma necessidade de uma avaliação médica?

Sempre será preferível a realização de uma revisão médica previa ao iniciar um programa de exercício físico, ainda melhor quando esta for realizada por um médico especialista. No entanto, é necessário esclarecer que, para um jovem que não sofre de qualquer doença crônica conhecida, essa avaliação é menos necessária. Em contraste, aqueles com doenças graves ou fatores de risco, como histórico familiar de doença cardíaca, obesidade, tabagismo, etc., a avaliação torna-se indispensável.

Escolha do Exercício

a) Fatores que influenciam na escolha do exercício:

- Motivação: é fundamental desfrutar da atividade, sentir prazer.
- Localização geográfica: se eu moro perto de onde eu vou realizar os exercícios físicos, será mais fácil de praticá-lo.
- Condições meteorológicas: **é melhor não ter que depender da meteorologia.**
- Disponibilidade de equipamentos e instalações. Quanto maior a necessidade de material, maior a dificuldade de realizar a atividade.

b) Aspectos essenciais na hora de escolher um exercício:

1. Escolha um exercício que goste ou que tenha interesse em praticar.
2. Tenha consciência de suas limitações. Não as ultrapasse.
3. Evite as lesões e tenha atenção com a sua segurança.
4. Escolha um exercício com potencial a longo prazo, algo que possa conseguir praticar por muito tempo.
5. Praticar exercício com um amigo pode ajudar a continuar com o programa, além de tornar a experiência mais divertida.

Modalidades de exercícios físicos

De uma forma muito resumida, e não isenta de polêmicas, os exercícios físicos podem ser divididos em relação a qualidade funcional que desejamos treinar, em três tipos principais:

Exercício Físico cardiovascular: Este tipo de exercício trabalha o sistema cardiovascular (coração e pulmões, juntamente com os vasos sanguíneos) aumentando a resistência ou *endurance* (a capacidade para a prática de exercício durante um período de tempo casa vez maior). Esta classe de exercício também é denominada de "exercício aeróbico".

Exemplos: Andar, trotar, correr (estes exercícios seriam considerados dentro desta categoria, dependendo do nível de condicionamento físico dos participantes). Andar de bicicleta é também um bom exemplo dessa atividade, como o exercício realizado em aparelhos ergométricos que podem ser encontrados em academias (elíptico, esteira, bicicleta). Também são incluídas atividades coreografadas, como aeróbica, step, jump, etc.

Ademais, alguns esportes como basquete, futebol, handebol, remo, podem ser classificados dentro deste grupo, desde que sejam efetuados em baixa intensidade; visto que se a intensidade for muito alta deixa de priorizar o componente aeróbico.

Exercício de desenvolvimento de força: Este tipo de exercício se destina a promover o aumento da força muscular e vigor físico. Além disso, é muito útil na prevenção de doenças como a osteoporose (perda de massa óssea) e sarcopenia (perda de massa muscular).

Exemplos: musculação, treinamento funcional, calistenia.

Exercícios de flexibilidade ou mobilidade: Este tipo de exercício mantém a capacidade dos músculos de se alongar e a amplitude do movimento das nossas articulações. Assim, ele pode continuar a executar movimentos em todo o seu eventual alcance e evitar lesões musculares, bem como de partes moles como ligamentos e tendões.

Exemplos: Exercícios de alongamento, yoga, pilates.

É importante esclarecer que os exercícios mencionados para cada uma das três categorias estão agrupados de acordo com a sua característica principal (finalidade funcional), a fim de ilustrar ao leitor as diversas modalidades. No entanto, cada atividade pode mudar de característica, principalmente dependendo da intensidade com que é praticada.

Que exercício físico escolher?

Em nossa sociedade atual, se pode encontrar uma grande oferta de exercícios físicos. Aqui estão alguns dos muitos que podem ser encontrados.

Cardiovascular	Força	Flexibilidade
Caminhar (caminhadas)	Musculacão	Yoga
Trotar (jogging)	Body Pump®	Body Ballance®
Correr	Power yoga®	Alongamento
Ciclismo	GAP	Tai-Chi
Basquete		
Handebol		
Futbol / Futbol-sala		
Pádel/Tenis		
Aerobic/Step		
Natação		
Boddy Attack®		
Boddy Jump®	Pilates/Yoga	
Power Jump		
Treinamento Funcional CrossTraining CrossFit		

Tabela 18. *Oferta de exercícios físicos que podemos encontrar no mercado.*

Benefícios de acordo com a modalidade de exercícios:

Cada modalidade de exercício, fornece predominantemente algum benefício. Nós não devemos esquecer que, além das melhoras a nível cardiovascular, muscular e articular, o exercício físico fornece melhoras a nível psicológico, melhorando a autoestima, auto percepção, etc.

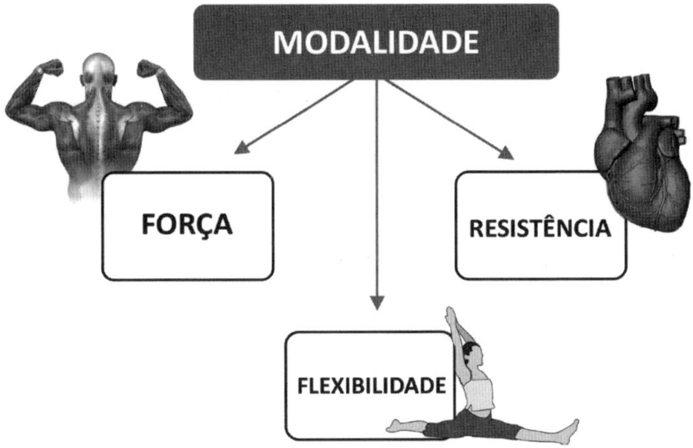

Figura 15. Benefícios e modalidade de exercícios.

Andar: Um excelente exercício (para começar ...)

Se faz um longo tempo desde que você não pratica exercícios (ou se tiver mais de 40 anos de idade e em má forma física), a caminhada é provavelmente a melhor maneira de começar a fazer um exercício cardiovascular, isso não significa que você tenha que manter as caminhadas como o único exercício cardiovascular.

Andar em um ritmo rápido é um excelente exemplo de exercício cardio (exercícios aeróbicos). Ao caminhar, a frequência cardíaca e a respiração aumentam durante um período sustentado de tempo, de modo que mais oxigênio e sangue são enviados para todas as partes do corpo. Além disto, podem ser destacadas algumas características de exercício cardiovascular:

- Utiliza grandes grupos musculares, como o quadríceps, forçando o coração e os pulmões a trabalharem mais.
- A duração do exercício deve ser aumentada gradualmente (30-60 minutos)
- A frequência mínima deve ser de 3 vezes por semana (podendo chegar a ser diária)
- Com o exercício cardiovascular pode ser conseguido pelo menos dois objetivos:
- Melhorar o condicionamento cardiovascular
- Perder peso

Caminhar é um bom exercício para começar

Em geral, é seguro, fácil de praticar, não requer equipamento especial (exceto calçado adequado) e você pode ir a qualquer lugar. Para obter o máximo benefício de um programa de exercícios baseado em caminhadas, siga estas dicas:

- Mantenha uma postura ereta ao andar: Olhe para a frente e contraia os músculos abdominais.
- Mantenha um ritmo uniforme e confortável. Aumente o comprimento da passada e relaxe os músculos não utilizados.
- Balance os braços livres e ritmicamente.
- Mantenha seu corpo relaxado, com os joelhos levemente dobrados

- Utilize uma roupa apropriada, de preferência de algodão ou dri-fit, pois estes tecidos podem eliminar o calor do corpo.
- Se você usar várias camadas de roupa, deixe a roupa de algodão em contato com seu corpo. No tempo frio, use um chapéu, cachecol e luvas.
- Escolha calçado apropriado: com um bom apoio para o arco do pé, solo de material antiderrapante (borracha, por exemplo) e que no exterior seja respirável (malha de nylon, por exemplo)
- Não ande tão rápido que não possa manter uma conversa durante a caminhada; se você não pode falar, baixe o ritmo. Embora esta seja uma boa maneira de controlar a intensidade do exercício, melhor ainda é o uso de um monitor de frequência cardíaca que garanta uma medição correta da frequência cardíaca (ritmo cardíaco). Você pode consultar um profissional para ajustar o exercício a sua frequência cardíaca ideal.

Quanta necessito andar para melhorar a minha saúde?

PASSOS/DIA	KCAL/ NIVEL DE ATIVIDADE
10.000	300-400 kcal/dia
3.800-4.800*	150 kcal/dia
< 5.000	Sedentário
5.000-7.499	Pouco ativo
7.500-9.999	Levemente ativo
= 10.000	Ativo
> 12.500	Muito ativo

Tabela 19. Equivalência de número de passos por dia em relação ao nível de atividade.

Uma maneira simples e barata para saber quanto eu ando, é o uso de um pedômetro (medidor de passos). Colocando-o na cintura pela manhã logo ao acordar e retirando-o no final do dia. Neste momento, verifique quantos passos foram dados e compare-os com a tabela 19.

Considere que de acordo com alguns estudos sobre estes valores[21], as crianças tendem a executar cerca de 13.000 passos por dia, e os idosos cerca de 7.000 passos por dia.

Componentes básicos de uma sessão de exercício físico

Como mencionado anteriormente, antes de iniciar um programa de exercícios físicos, é aconselhável consultar um médico, o qual deverá analisar a intensidade do esforço a ser executado por você. Após isto, consulte um profissional de Educação Física para prescrever um programa adequado de treinamento de acordo com suas condições e objetivos.

Mesmo assim, com o objetivo de facilitar o processo de incorporar a prática de exercício físico, listamos abaixo algumas orientações gerais para que de forma autônoma, você possa começar a desfrutar de todos os seus benefícios.

Ao realizar qualquer exercício cardiovascular, como caminhar, se deve cumprir três fases:

a) A ativação ou aquecimento

b) A parte principal

c) Resfriamento ou volta a calma.

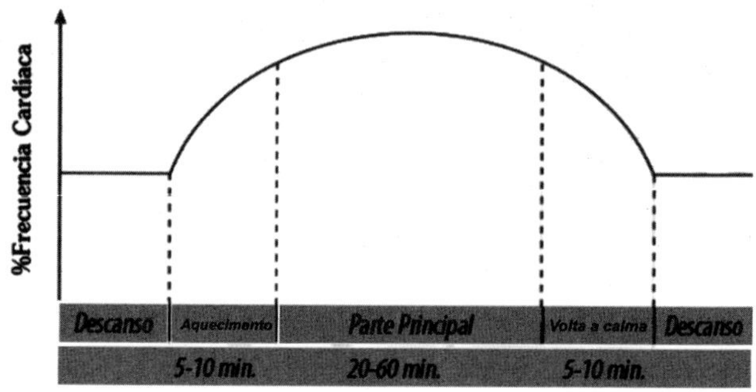

Figura 16. Fases do exercício.

Ativação (aquecimento)

Deve consistir de um período de 5 a 10 minutos de alongamentos a fim de preparar o corpo para uma atividade um pouco mais vigorosa. Todos os alongamentos devem ser realizados de forma lenta e suave, sem movimentos bruscos. É necessário alongar especialmente os músculos posteriores e anteriores da coxa, como também os da perna (panturrilha).

A seguir, são apresentadas três ilustrações de alongamentos básicos que podem ser realizados antes de andar.

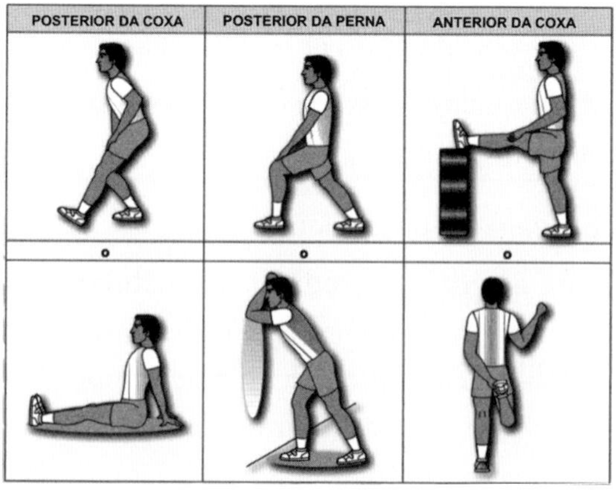

Tabela 20. Alongamentos básicos antes de começar uma caminhada.

Parte principal

A sessão de exercício deve consistir de 20 a 30 minutos de atividade contínua e de intensidade moderada. O controle de intensidade do exercício, permitirá melhorar a condição física e evitar riscos para a nossa saúde. Podemos controlar a intensidade muito bem de 2 maneiras:

- Através da manutenção de uma percepção de esforço entre 3 e 5, numa escala de 0 a 10 (figura a)

- Através do controle do nosso ritmo cardíaco, usando o monitor de frequência cardíaca (Figura b) mantendo uma frequência cardíaca entre 60% a 80% do seu máximo, que é facilmente calculado subtraindo sua idade do valor 220 (ver tabela da Figura C)

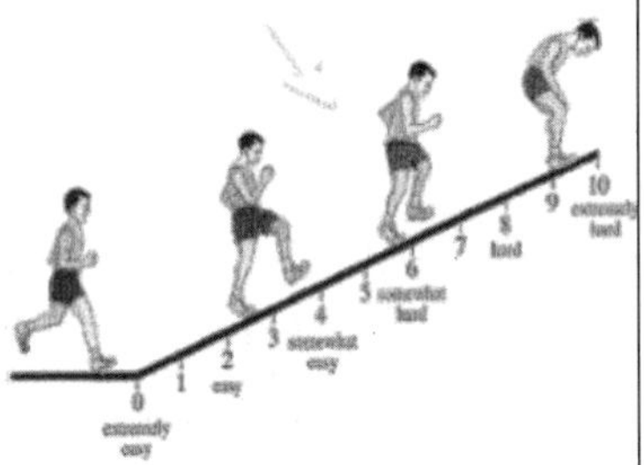

Volta a calma

Nesta fase é necessário reduzir gradualmente a intensidade do exercício para que o corpo retorne ao estado de repouso. A volta a calma deve durar cerca de cinco minutos. Para realizar a volta a calma se pode caminhar lentamente e realizar os exercícios de alongamentos estáticos (que foram mencionados anteriormente).

A higiene do sono

Um dos aspectos que consideramos essenciais para a vida é o descanso. Não devemos esquecer que uma pessoa deve repousar durante várias horas por dia (aproximadamente 8 horas) para que seu ciclo vital seja, no mínimo, mantido em condições aceitáveis. É o que se denomina, necessidade de restauração neurológica[22]. Em adição, a qualidade do descanso, ou sono, pode ser considerada como um dos fatores que podem afetar a nossa qualidade de vida.

Quando se realiza um cálculo aproximado sobre as implicações do sono em nossas vidas, podemos dizer que são recomendadas aproximadamente 8 horas de sono por dia, deste modo, é necessário passarmos um quarto do nosso dia descansando. Se extrapolarmos em dados macros serão 56 horas por semana, 224 horas por mês e 2688 por ano, ou seja, passamos 122 dias por ano dormindo.

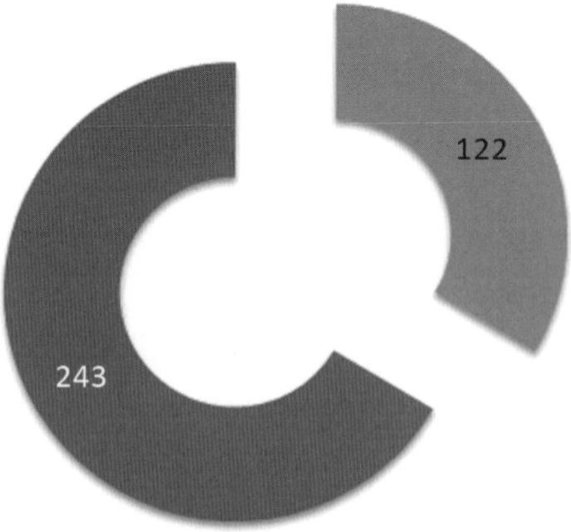

***Figura** 17. Gráfico que expressa o número de dias que passamos dormindo ao ano.*

Pode-se considerar que é uma questão que não devemos deixar de dar importância, mas devemos fazer um esforço para alcançar uma qualidade do sono ótima, já que problemas decorrentes de distúrbios do sono condicionam e influenciam diretamente a nossa qualidade de vida[23].

O termo qualidade do sono, não só se refere a dormir durante a noite toda, mas também este conceito abrange um bom desempenho durante as atividades diárias, ou seja, ter o nível de disposição necessária para executar determinadas tarefas que precisamos realizar no cotidiano.

Hoje em dia existem diferentes formas de controlar esta atividade noturna, como por exemplo o uso de acelerômetros pelo público em geral. Tal é o caso dos *Smartwatches*, um relógio que grava através de um pequeno acelerômetro (alojado em seu interior) toda a atividade produzida pelo seu corpo (andar, subir escadas, correr...) e a sincroniza em um aplicativo ou plataforma.

Imagem 1. *Exemplos de Smartwatch (Apple Watch).*

Não obstante, no final desta seção constará uma forma simples para que você mesmo possa controlar e avaliar a sua qualidade de sono.

Ciclo do sono

Do ponto de vista comportamental é possível dividir o ciclo do sono em 4 dimensões: tempo circadiano, ou seja, hora do dia em que se localiza; fatores intrínsecos do organismo (idade, sono, padrões de sono); comportamentos facilitadores e inibitórios realizados pelo sujeito; o ambiente em que se dorme.

Se nos aprofundarmos nas quatro dimensões que compõem o ciclo do sono, observaremos que: o tempo circadiano refere-se a hora do dia em que ocorre o processo de sono; os fatores intrínsecos dos organismos incluem elementos como a idade, o sono, padrões de sono, estado fisiológico, ou a necessidade de dormir entre outros; comportamentos que facilitam ou inibem o sono são elementos que detalharemos mais tarde; e, finalmente, o ambiente é onde a atividade do sono é desenvolvida.

Do ponto de vista fisiológico, sem adentrarmos de forma profunda, devemos entender que os nossos sonhos mais ativos ocorrem durante a fase de sono chamada movimento rápido dos olhos (REM, segundo a sigla em Inglês). Durante o sono REM o cérebro está ativo, e embora nós não estejamos cientes, os olhos se movem rapidamente sob as pálpebras. Este movimento é o sinal inconfundível de que o cérebro está processando informações. Estima-se que o sono REM ocorre 90 minutos após adormecermos. A atividade cerebral acelera, obtendo uma atividade cerebral semelhante ao estado de vigília, ou seja, quando estamos à espera de que algo aconteça. No entanto, essa atividade não é causada por possíveis estímulos fora do nosso corpo, que são assimilados pelos sentidos, mas por estímulos gerados por sonhos que ocorrem durante o sono

REM. Durante todo o período de descanso as fases REM são intercaladas com as fases do sono não-REM. Isso levou os cientistas a acreditarem que existia uma relação entre o sono REM e a consolidação do que aprendemos durante o día[24].

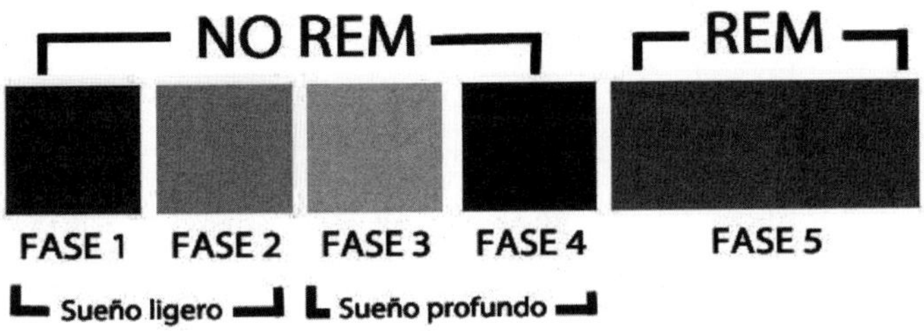

Figura 18. *Estrutura do sono e fases do NO REM e REM.*

Por isso, completar diferentes períodos de fase REM durante o sono irá facilitar a melhora da qualidade de sono, um aspecto que tem uma relação direta com quais hábitos ou ações que são realizadas antes do sono. É precisamente esses hábitos que devem ser acompanhados por uma higiene do sono adequada.

A higiene do sono

Quando falamos de higiene do sono, referimo-nos aos hábitos ou ações que realizamos para manter um bom estado de sono. Na verdade, este processo examina uma série de questões tais como o efeito produzido por certos fatores ambientais (luz, temperatura, ruído, etc.) e, por outro lado, os fatores relacionados com a saúde que podem afetar a qualidade do sono (prática de atividade física, boa alimentação, ou o consumo de algumas substâncias ...).

Há conhecimento científico acerca de certos aspectos que afetam a higiene do sono. Por exemplo, sabe-se que a exposição a temperaturas extremas e ruídos, causam efeitos negativos sobre o sono. Alimentos também exercem efeitos sobre o sono, por exemplo a vitamina B, cálcio e triptofano facilitam o sono. Por outro lado, o consumo excessivo de álcool, cafeína e nicotina altera a qualidade do sono – como divulgado na publicação do programa RESPIRA[25] para ajudar a eliminar o consumo de tabaco –, bem como certas drogas com características hipnóticas, tais como barbitúricos e benzodiazépinicos[26]

OVOS	Cereais INTEGRAIS	CHOCOLATE
Aveia	Tâmaras	LENTILHA
GRÃO DE BICO	BANANAS	ABÓBORA
AMENDOIN	LEVADURA DE CERVEJA	ALFACE

Tabela 21. *Alimentos que contem triptófano.*

Para fazermos isso é necessário consideramos que poderíamos intervir nas últimas duas dimensões do ciclo do sono: comportamento do indivíduo, que pode ser facilitador ou inibidor, e o ambiente do sono. Uma intervenção de nossa parte, será incorporar hábitos que promovam comportamentos facilitadores do sono e ações que melhorem o ambiente. Além disso, preparar o ambiente onde descansamos pode levar a uma melhora da qualidade do sono.

Vale ressaltar que o uso adequado dos acessórios do sono, considerando colchão, travesseiro e travesseiro de corpo complementam o cenário para uma boa noite de sono, em que a tecnologia das densidades Inteligentes contribuem no alinhamento postural a fim de evitar o estresse articular de posturas desorganizadas que são sinônimo de dores no corpo ao acordar. A pergunta que devemos fazer é, quais os fatores que podem promover uma higiene do sono adequada?

Fatores a considerar para melhorar a higiene do sono

A seguir são expostas uma série de recomendações feitas por um grupo de trabalho do *Guide to Clinical Practice,* unidade de insônia e sono montado pelo Ministério da Saúde da Madrid em 2009[26]:

- Mantenha um horário regular para dormir e levantar-se, incluindo fins de semana e feriados. As constantes mudanças de horários de sono aumentam a probabilidade de dificuldades graves e crônicas para dormir.
- Ficar na cama o tempo suficiente, nem mais nem menos, para atender às suas necessidades reais de dormir. Reduzir o tempo gasto na cama melhora o sono e, inversamente, ou seja, permanecer muito tempo na cama pode causar sono fragmentado e curto.
- Se 30 minutos se passaram desde então e ainda está sem dormir, saia da cama, vá para outro cômodo da casa e faça outras coisas como ler uma revista ou assistir televisão, por exemplo. Quando sentir sono novamente, volte para o seu quarto. O objetivo é que você associe sua cama para adormecer o mais rapidamente possível.
- Evite dormir em situações que desfavoreçam seu sono noturno. Você pode se permitir tirar um cochilo depois do almoço, mas desde que esse não ultrapasse 30 minutos.
- Evite atividades em cima da cama, como assistir televisão, ler,

ouvir rádio, comer, falar ao telefone... Nosso cérebro precisa associar a cama e o quarto ao sono. Quando outras atividades são realizadas naquele lugar o cérebro recebe uma mensagem ambígua e confusa.

- Fazer exercício suave (por exemplo, andar) durante pelo menos uma hora por dia, com luz solar, preferencialmente à tarde e, se possível, no máximo, três horas antes de deitar.
- Repita cada noite uma rotina de ações, que ajude a você se preparar mental e fisicamente para ir para a cama. Escovar os dentes, colocar o pijama, preparar roupas do próximo dia.
- Praticar exercícios de relaxamento antes de dormir pode contribuir para dormir melhor. Praticar a respiração lenta e relaxada.
- À noite, não tome bebidas que contenham cafeína, como refrigerantes e café, pois elas perturbam o sono, mesmo em pessoas que não percebem. A cafeína é um estimulante do sistema nervoso.
- Álcool e tabaco, além de serem prejudiciais à saúde, também interferem no sono e, nesse sentido, deve-se evitar o consumo de álcool algumas horas antes de deitar. O álcool é um depressor do sistema nervoso; embora possa facilitar o início do sono, provoca despertares durante a noite e também provoca o vício (dependência física). A nicotina é um estimulante do sistema nervoso (e não um tranquilizante, como acreditam os que fumam) e também causa dependência.
- O quarto deve estar em uma temperatura confortável e com níveis mínimos de luz e ruído. O quarto deve ser confortável e silencioso para se tornar propício ao sono.
- Tente não dormir até que tenham se passado duas horas desde o jantar. A fome e as refeições pesadas podem interromper o sono. Se você acordar no meio da noite, é preferível não comer nada para que não seja criado um hábito.
- Evite beber líquidos em excesso do final da tarde até à noite. Com isso, você pode evitar ter que sair da cama para ir ao banheiro.

- Evite usar a cama para pensar em suas preocupações. Pode-se reservar um outro momento do dia para isso, 30 minutos para refletir sobre o que está em questão, e tentar encontrar soluções.
- Não recorra a automedicação. Tomar medicamentos por conta própria pode agravar o problema. O que pode ser adequado para um não é adequado para outro.
- Dormir com a janela aberta ou entreaberta para uma melhor oxigenação do quarto.
- Tente não usar roupas apertadas, roupas íntimas impedindo essencialmente o fluxo de sangue adequado.
- Não coloque aparelhos eletrônicos na sua mesa de cabeceira, especialmente telefones celulares, tabletes, computadores, rádio despertador, etc.
- Não cultive plantas no quarto.

Você lembra de alguma outra recomendação? Se sim, escreva abaixo:

Ferramentas para avaliar a qualidade do sono

Como objetivo deste livro é fornecer ao leitor uma série de ferramentas que possam ser aplicadas sobre si mesmo, a seguir é apresentado o questionário mais utilizado para analisar a qualidade do sono chamado *Sleep Quality Index of Pittsburg*[27].

Este questionário fornece um escore global da qualidade do sono. Pontuações parciais são divididas em sete componentes distintos: Qualidade subjetiva do sono, latência, duração, eficiência habitual, alteração, utilização de soníferos e disfunção diurna. A pontuação varia de 0 (não há nenhuma dificuldade) a 3 (dificuldade grave). A pontuação total varia de um intervalo de 0 (nenhuma dificuldade) a 21 (dificuldade em todas as áreas), em que a pontuação com valor 5 seria um ponto de referência para diferenciar entre bom e mau dormidores[28].

Se conseguimos alcançar a meta no tempo previsto,
o nosso sonho pode ser cumprido.

Índice de Qualidade de sono de Pittsburgh

1. Durante o último mês, quando você geralmente foi para cama à noite?
2. Normalmente, quanto tempo demorou para começar a dormir nas noites do último mês? (Por favor, circule a opção adequada)

Menos de15 min

Entre 16-30 min

Entre 31-60 min

3. Durante o último mês, a que horas levantou habitualmente pela manhã?

4. Quantas horas estimadas está dormindo todas as noites durante o último mês?

(0) Mais de 7 horas
(1) entre 6 e 7 horas
(2) entre 5 e 6 horas
(3) Menos de 5 horas

5. Durante o último mês, quantas vezes você já teve problemas para dormir por causa de:

a) De não ser capaz de dormir na primeira meia hora:
(0) Nenhuma vez no último mês
(1) Menos do que uma vez por semana
(2) Uma ou duas vezes por semana
(3) Três ou mais vezes por semana

b) Acordar durante a noite ou de manhã cedo:
(0) Nenhuma vez no último mês

(1) Menos do que uma vez por semana
(2) Uma ou duas vezes por semana
(3) Três ou mais vezes por semana

c) Ter que se levantar para ir ao banheiro:
(0) Nenhuma vez no último mês
(0) Nenhuma vez no último mês
(1) Menos do que uma vez por semana
(2) Uma ou duas vezes por semana
(3) Três ou mais vezes por semana

d) Não foi possível respirar corretamente:
(0) Nenhuma vez no último mês
(1) Menos do que uma vez por semana
(2) Uma ou duas vezes por semana
(3) Três ou mais vezes por semana

e) Tosse ou roncar alto:
(0) Nenhuma vez no último mês
(1) Menos do que uma vez por semana
(2) Uma ou duas vezes por semana
(3) Três ou mais vezes por semana

f) Sentir frio:
(0) Nenhuma vez no último mês
(1) Menos do que uma vez por semana
(2) Uma ou duas vezes por semana
(3) Três ou mais vezes por semana

g) Sentir demasiado calor
((0) Nenhuma vez no último mês
(1) Menos do que uma vez por semana
(2) Uma ou duas vezes por semana
(3) Três ou mais vezes por semana

h) Ter pesadelos ou sonhos ruins:
(0) Nenhuma vez no último mês

(1) Menos do que uma vez por semana
(2) Uma ou duas vezes por semana
(3) Três ou mais vezes por semana

6) Durante o último mês, no geral, como você diria que foi a sua qualidade de vida?
(0) Muito boa
(1) Bastante boa
(2) Bastante mal
(3) Muito mal

7) Durante o último mês, quantas vezes teve que tomado remédios (por conta própria ou prescrito pelo médico) para dormir?
(0) Nenhuma vez no último mês
(1) Menos do que uma vez por semana
(2) Uma ou duas vezes por semana
(3) Três ou mais vezes por semana

8) Durante o último mês, quantas vezes você sentiu sonolência durante a condução, comer ou o desenvolvimento de alguma outra atividade?

0) Não, nenhuma vez no último mês
(1) Menos do que uma vez por semana
(2) Uma ou duas vezes por semana
(3) Três ou mais vezes por semana

9) Durante o último mês, você teve dificuldade ou falta de coragem para fazer qualquer das atividades listadas na pergunta anterior?
(0) Não tem problema
(1) Apenas um pequeno problema
(2) Um problema+
(3) Um problema sério

10) Você dorme sozinho ou acompanhado?
(0) Sozinho
(1) Com alguém em outro quarto
(2) No mesmo cômodo, mas em outra cama
(3) Na mesma cama

Como calcular o resultado do Índice de qualidade de Sono de Pittsburgh?

Se usarmos como exemplo o mesmo sujeito que utilizamos no capítulo *Qualidade de Vida*, teremos um homem de 30 anos com um nível de qualidade de vida de 69,4 pontos com base no questionário SF-36.

Itens	Pontuação
1.- Qualidade subjetiva do sono. Pontuação nº6	1
2.- Latência do sono. Pontuação: nº2 + nº5a) ___ + ___ = ___ Se o resultado é entre [0]= 0; [1 e 2]= 1; [3 e 4]=2; [5 e 6]=3	1
3.- Duração do sono. Pontuação: nº4	0
4.- Eficiência habitual de sonho. nº4 em horas _____ ÷ [nº3(_____) - nº1(_____)] * 100 = _______% Se o resultado é [>85%]=0; [74 e 84%]=1; [65 e 74%]=2; [<65%]=3	0
5.- Perturbações do sono Soma das seguintes pontuações: Nº5 b + c + d + e + f + g + h + i + j = _____ Se o resultado é entre [0]= 0; [1 e 9]=1; [10 e 18]=2; [19 e 27]=3	1
6.- Utilização de medicação para dormir. Pontuação nº7	1
7.- Disfunção durante o dia. Pontuação: nº8 + nº9 = ___ + ___ = _____ Se o resultado é entre [0]= 0; [1 e 2]= 1; [3 e 4]=2; [5 e 6]=3	3
Pontuação Total: Soma a pontuação dos 7 itens: Se é > 5 Pontuação positiva. Se é < 5 Pontuação negativa.	7

Tabela 22. *Tabela para o cálculo dos resultados de índice de qualidade do Sono de Pittsburgh*

Como mencionado acima, a pontuação total estará em um intervalo de 0 a 21, onde "0" indica facilidade de dormir e "21" grave dificuldade em dormir. Os resultados obtidos acima "5", são classificados como mal dormidores. Portanto, após o índice de avaliação de *Pittsburgh* se obtém os seguintes resultados dos dados obtidos:

Qualidade Subjetiva	1
Latência	1
Duração	0
Eficiência habitual	0
Alterações	1
Uso de medicação	1
Disfunção diurna	3
Total	7/21

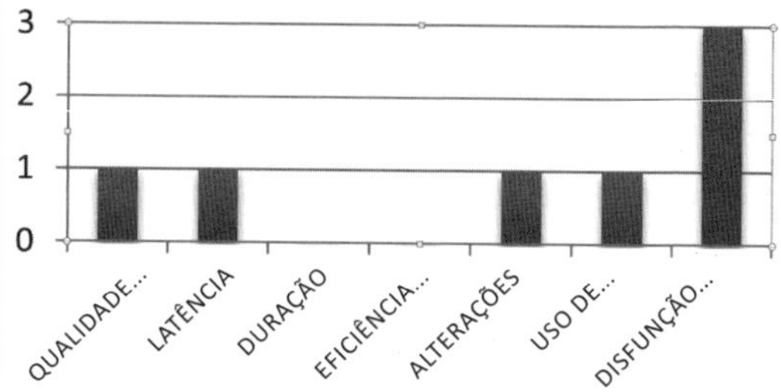

Tabela 23. *Cálculo dos resultados do índice de Qualidade de Sono de Pittsburgh em um caso aplicado.*

Além disso, oferecemos-lhe as tabelas para que você possa fazer os cálculos adequados do questionário e conhecer o nível de qualidade de vida que atribui para si mesmo ou para outra pessoa.

Itens	Pontuação
1.-Qualidade subjetiva do sono. Pontuação nº6	
2.- Latência do sono. Pontuação: nº2 + nº5a) ___ + ___ = ___ Se o resultado está entre [0]= 0; [1 e 2]= 1; [3 e 4]=2; [5 e 6]=3	
3.- Duração do sono. Pontuação: nº4	
4.- Eficiência habitual do sonho. nº4 em horas _____ ÷ [nº3(_____) - nº1(_____)] * 100 = _______% Se o resultado está entre [>85%]=0; [74 e 84%]=1; [65 e 74%]= =2; [<65%]=3	

5.- Perturbações do sonho. Soma as seguintes pontuações: Nº5 b + c + d + e + f + g + h + i + j = ____ Se o resultado está entre [0]= 0; [1 e 9]=1; [10 e 18]=2; [19 e 27]=3	
6.- Utilização de medicação para dormir. Pontuação nº7	
7.- Disfunção durante o dia. Pontuação: nº8 + nº9 = ___ + ___ = ____ Se o resultado é entre [0]= 0; [1 e 2]= 1; [3 e 4]=2; [5 e 6]=3	
Pontuação Total: Soma a pontuação dos 7 itens: Se é > 5 Pontuação positiva. Se é < 5 Pontuação negativa.	

Tabela 24. Tabela para o cálculo dos resultados do índice de Qualidade de Sono de Pittsburgh.

Cálculo do índice da Qualidade do sono de Pittsburgh. Seus resultados em gráficos.

Qualidade Subjetiva	
Latência	
Duração	
Eficiência habitual	
Alterações	
Uso de medicação	
Disfunção diurna	
Total	/21

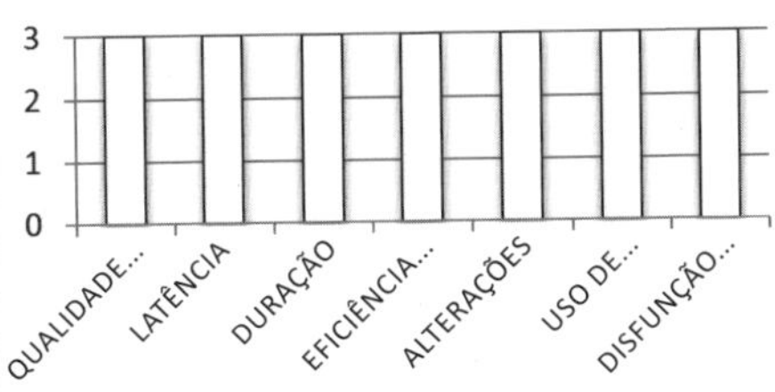

Tabela 25. Tabela para o cálculo dos resultados do índice de Qualidade de Sono de Pittsburgh.

Se o resultado final é igual ou inferior a "5" é possível concluir se tem uma qualidade positiva do sono.

Deixe que o alimento seja teu remédio

Que o alimento seja teu melhor remédio... uma frase bem conhecida (e atribuída a Hipócrates), que parece ser mais relevante do que nunca nestes tempos em que vivemos, onde comemos muito e nos nutrimos mal. É daqui de onde parte este capítulo, no intento de comprimir um vasto mundo de informações.

Dizia Alvin Toffler: "*Os analfabetos do século XXI não serão aqueles que não sabem ler e escrever, mas aqueles que não podem aprender, desaprender e reaprender.*" Frase magnífica para entrar neste capítulo sobre a base da alimentação.

Certamente, se você olhar em volta, você irá notar que algo está errado. Um mundo gordo que necessita começar a se mover de forma diferente e comer melhor. Olhando a imagem, o que você observa?

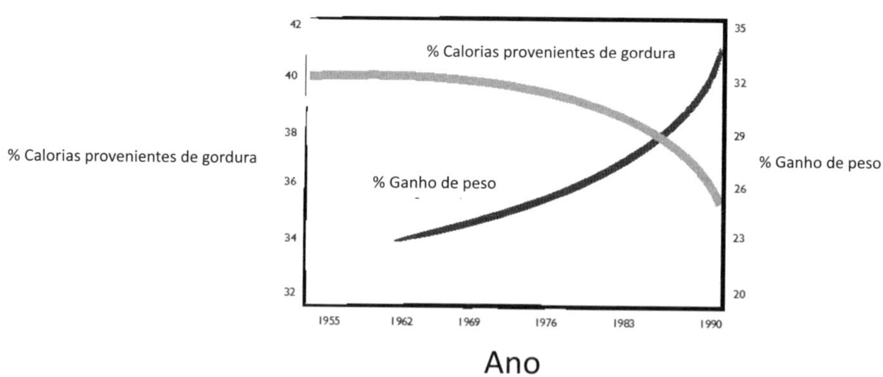

Figura 19. *Relação entre o percentual de calorias provenientes de gordura e percentual de ganho de peso.*

Está claro: a tentativa de reduzir as gorduras para reduzir a prevalência da obesidade tem tido pouca repercussão na história da alimentação. Vejamos... os culpados são realmente as gorduras? Estas e muitas outras perguntas são hoje tema de debates no campo da nutrição.

Seja por questões econômicas, industriais ou qualquer outra coisa, o que talvez sim parece claro é que nos esquecemos de nossas origens, ou seja, de onde viemos e de onde se formou o nosso genoma, pois o homem atual, embora socialmente imerso no século XXI, geneticamente continua no período paleolítico. Como é que agora que nós comemos de tudo e mais do que nunca, temos tantas doenças relacionadas com a alimentação? A resposta está no que nós escolhemos para comer e fazer.

Alimentação e Nutrição

O primeiro passo é entender dois conceitos que são tomados como iguais, mas realmente são diferentes. Alimentação e Nutrição.

A alimentação é o ato voluntário de escolher o alimento, enquanto que a nutrição traz todos os processos fisiológicos que ocorrem no nosso corpo desde que o alimento entra na boca. Não há dúvida: a segunda é afetada pela primeira. É a nossa parte volitiva que temos a opção de modificar, e portanto, nossa verdadeira oportunidade de repercutir sobre nossa nutrição.

A alimentação se vê influenciada por inúmeros fatores que preocupam a diferentes grupos populacionais. Dentre eles, o aspecto econômico, educação, cultura, clima, tradições, geografia e preferências pessoais. Um exemplo claro disso, é visto em certas culturas, que adota em sua ingesta de alimentos insetos e outros animais, enquanto que em outras lhes produz arrepio só pensar nisso.

A nutrição começa pelo processo de deglutição quando engolimos os alimentos que mastigamos. É neste processo em que o nosso corpo tenta extrair dos alimentos o que chamamos de nutrientes, absorver e distribuí-los para que eles possam chegar às células correspondentes do nosso corpo.

Tal como diz o livro "A dieta inteligente": "*Conhecer o que contém os alimentos para se alimentar e, portanto, também se nutrir da melhor maneira possível*"[29]. Está claro que isso é essencial, pois consiste em começar a comer corretamente.

Os nutrientes contidos nos alimentos exercem essencialmente quatro funções: Fornecer a energia necessária para o bom funcionamento do organismo; fornecer os materiais necessários para edificar a estrutura corporal; renovar e reparar as partes que estão alteradas por uma doença ou pela própria passagem do tempo e fornecer substâncias reguladoras, para que tudo funcione corretamente no corpo.

Assim, podemos encontrar nos alimentos macronutrientes e substâncias que devemos ingerir todos os dias em maior quantidade. Estes são os carboidratos, gorduras e proteínas. E em relação a eles, devemos esclarecer algumas recomendações internacionais, as quais sugerem que aproximadamente 50-55% do total de calorias da ingesta diária total corresponde de carboidratos, cerca de 35% de gorduras e 15% de proteínas. Do mesmo modo, é recomendado beber mais de um litro e meio de água por dia.

Também encontramos os micronutrientes, os quais necessitamos ingerir diariamente em pequenas quantidades. Estas são especialmente as vitaminas e os minerais.

Sua função... Sua importância!

O conhecimento do aporte energético dos nutrientes e suas funções é fundamental para garantir um adequado estado de saúde. A tabela a seguir mostra as principais funções de nutrientes em nossa alimentação:

Nutriente	Funções
Carboidratos (4 Kcal/g)	Energia e combustível muscular (amidos, açúcares e glicogênio) Controla o colesterol e gorduras (fibra dietética) Ajuda na digestão (fibra dietética). Absorção de nutrientes e água (açúcares) Manutenção do açúcar no sangue (importância do açúcar para as funções mentais e retardo da fadiga)
Proteínas (4 Kcal/g)	Fonte de alimentação (reservas de carboidratos que foram consumidos) Fornecimento de aminoácidos essenciais (que o organismo necessita) Essencial para manter tecidos existentes Funciona como enzimas, anticorpos, hormônios, etc. Equilíbrio hídrico (ajuda a controlar os níveis de água intra e extracelular) Transporte de substâncias no sangue (transporte de vitaminas, minerais e gorduras)
Gorduras (9 Kcal/g)	Aporte das vitaminas lipossolúveis (vitaminas A, D, E e K) Fornecimento de ácidos graxos essenciais (o corpo precisa, porque não consegue sintetizar) Combustível e energia muscular Controle de saciedade Formam parte de muitos hormônios

Tabela 26. *Principais funções dos nutrientes em nossa alimentação.*

E sobre a água? A água é responsável por 60% de nossa composição corporal além de promover reações químicas que ocorrem no nosso corpo, e, portanto, é um componente vital para o bom funcionamento do nosso corpo. Uma hidratação adequada é um requisito indispensável para a saúde; a quantidade de água necessária diária deve ser ajustada com base na idade e sexo de cada indivíduo, sendo considerado para a população adulta entre

2-2,5 litros de água diariamente. O Instituto de Hidratação Europeia (EHI) recomenda quatro momentos-chave para a hidratação, tendo em conta as ocasiões em que sua necessidade é maior. São eles: ao estudar, ao conduzir, durante a prática de atividade física e no trabalho. Além disso, certas condições requerem quantidades supeiores de ingestão de água, como crianças, idosos e durante a gravidez e lactação. A hidratação não se pode resumir em apenas beber água, também consumir chás, frutas e outros alimentos que também contém água e são uma boa maneira de hidratar-se. De forma grupal, podemos dizer que legumes e frutas, além de serem uma fonte saudável de nutrientes, contribuem grandemente para completar a nossa hidratação. Estes incluem:

Alface (96% de água).

Aipo (95% de água).

Pepino (95% de água).

Melancia (92% de água).

Leite desnatado (91% de água).

Cenouras cruas (88% de água).

Laranja (87% de água).

Uva (81% de água).

Feijão verde cozido (89% de água).

Banana (74% de água).

O que você entende por alimentação equilibrada?

Uma dieta equilibrada é aquela que nos fornece todos os nutrientes necessários em suas devidas proporções, de maneira particular, para cada um de nós e, esse último sentido da definição de dieta equilibrada não deve ser desmerecido, pois é de vital importância começar a ver além das recomendações gerais sobre a ingestão de nutrientes e entender que existe uma realidade psicobiológica que predispõe a cada indivíduo a responder de forma diferente a diferentes alimentos.

Para explicar melhor esta questão deve ser abordado o caso do colesterol. O colesterol é um lipídio rotulado pela maioria das pessoas como ruim. Todos nós já ouvimos sobre o quão ruim é "ter o colesterol." No entanto, raramente tivemos em mente que não podíamos viver sem ele (em perspectiva, é claro). Uma vez que ele é essencial para a sobrevivência de nossas membranas celulares, produção hormonal e condução nervosa (não se esqueça de que o cérebro é um dos órgãos mais ricos em colesterol), a produção de ácidos biliares (que são essenciais para a absorção de gorduras no intestino) e a síntese de vitaminas, tais como, a D e K. Mas por que é tão ruim, então?

Este é o lugar onde a genética de cada um de nós encontra em um alimento, respostas alimentares diferentes. A descoberta na década de 70 do século passado da apolipoproteína E (APOE) nos deu uma mudança de direção para o efeito do colesterol em nosso organismo. Hoje, o gene da APOE segue com ainda maior contribuição genética do colesterol na população em geral. APOE é o produto de um único gene que se manifesta em três formas diferentes: APOE-2, 3-APOE e APOE-4. Em genética estes alelos são conhecidos como "formas diferentes do mesmo gene." Em populações de origem europeia, o alelo E3 é o mais abundante, seguido por alelo E4, enquanto que o alelo E2 é menos abundante. O mais interessante é que cada um deles tem associado níveis de colesterol no sangue significativamente diferente. Portadores do alelo E4 têm níveis mais elevados de colesterol do que os portadores do alelo E3, enquanto portadores do alelo E2 tem o mais baixo colesterol de todos. É engraçado como aqueles com a E2/E4 são deixados com um nível de colesterol semelhantes aos encontrados com alelos E3/E3. Em suma, os indivíduos que têm o alelo E4 do gene são predeterminados a ter um nível de colesterol mais alto do que outras formas do gene (E2,E3), portanto os indivíduos portadores dessa forma de gene se beneficiarão de uma dieta baixa em gordura e colesterol. Como o professor Ordovás[31] narra: "Uma dieta prudente é mais benéfica para aqueles que mais necessitam."

Os macronutrientes em nossa alimentação

Quando falamos de macronutrientes, nos referimos àqueles que necessitamos introduzir no corpo em quantidade de várias gramas. Estes são os carboidratos, gorduras e proteínas.

Carboidratos: energia para nossas células

Os carboidratos representam "a gasolina" para o nosso corpo. Cada grama de carboidrato nos fornece 4 Kcal, convertendo-se em uma rápida fonte de energia para os músculos, o alimento preferido dos nossos neurônios e a única fonte de energia para algumas células do nosso corpo, como as células vermelhas do sangue. Esses são encontrados principalmente em alimentos de origem vegetal e produtos fabricados a partir destes, como pão, macarrão e doces. Produtos de origem animal, por sua vez fornecem menos carboidratos, com exceções, leite ou fígado. Nos últimos anos, o carboidrato vem ganhando uma fama pouco favorável. No entanto, aconselha-se ser cauteloso e se aproximar das informações que são oferecidas a partir de uma perspectiva mais ampla e crítica. Nem todas as fontes de carboidratos têm o mesmo impacto sobre a saúde, além disso, a quantidade que deve ser ingerida muda conforme diferentes populações e níveis de atividade, metas e até mesmo diferentes grupos patológicos e etários. Por exemplo, a necessidade de carboidrato na dieta de um atleta é maior do que a de um sujeito sedentário e, mesmo em atletas, dependendo do desporto praticado, a diferença também pode ser grande.

A maioria dos textos sobre nutrição classificam os carboidratos em assimiláveis e não assimiláveis.

Os assimiláveis são caracterizados por serem digeridos e absorvidos pelo intestino e passados pelo sangue com maior ou menor quantidade, dependendo do tipo de açúcar que são portadores. Glicose, frutose ou açúcar da fruta, galactose, sacarose, lactose ou açúcar do leite, amido (forma de armazenamento da glicose em plantas), são alguns dos mais conhecidos deste grupo.

No entanto, embora estes açúcares tenham relevância para diferentes aspectos e condições, os carboidratos não digeríveis são, geralmente conhecidos como fibras, que são muito importantes para a saúde. As fibras têm funções muito importantes para o corpo, favorecendo o trânsito intestinal. Além disso, evita constipação, reduz a absorção de substâncias prejudiciais e cancerígenas, bem como gorduras e outros carboidratos. Como se isso não bastasse, também contribuem para a sensação de saciedade e regulação do apetite. É por isso que a sua ingestão diária deve ser de cerca de 20 gramas e não deve exceder 50 gramas.

Um açúcar bem conhecido: lactose

A lactose é um açúcar encontrado no leite, cuja digestão envolve uma proteína chamada lactase.

Entre 70-90% da população adulta do mundo tem uma baixa absorção de lactose, e isso é especialmente reincidente na população Africana, Asiática, Sul-americana e populações nativas americanas. Normalmente, a atividade da lactase diminui exponencialmente após o desmame de até 10% do valor neonatal, e fora da crença existente, o desaparecimento ou redução da enzima lactase após o desmame, ou na primeira infância, é muito prevalente na população mundial[32].

Pessoas com baixa lactase que consomem grande quantidade de lactose sofrem de diarreia. Como a lactose não é digerida, retém a água, aumentando assim o conteúdo das fezes e servindo como alimento para as bactérias intestinais, o que provoca inchaço, flatulência e cólicas abdominais.

Ter uma baixa absorção de lactose não significa que você terá algum sintoma. Dependerá da quantidade ingerida, da atividade da proteína lactase, da ingesta de outros alimentos, da capacidade das bactérias intestinais de fermentar a lactose e a sensibilidade do indivíduo para os produtos resultantes da fermentação da lactose. Pequenas quantidades não costumam gerar nenhum problema, mas quando se trata de quantidades superiores a 12 g /dia e são ingeridos em um único alimento (o equivalente a um copo de leite de 240 ml, por exemplo) pode levar a piores resultados.

Teor de lactose dos produtos habituais:

- Leite (desnatado 1%, 2% integral), Achocolatado, 1 xícara: 10-12 g de lactose.
- Manteiga, margarina. Uma colher de sopa: valores desconsideráveis

- Queijo cheddar, forte. 30g: 0-2 g de lactose.
- Queijo americano, suíço. 30 g: 0 g de lactose.
- Parmesão. 30 g: 1 g de lactose.
- Queijo azul. 30 g: 2 g de lactose.
- Requeijão. ½ xícara: 2-3 g de lactose.
- Nata. ½ xícara: 3-4 g de lactose.
- Cremoso queijo 30 g: 1 grama de lactose.
- Leite evaporado. 1 xícara: 24 g de lactose.
- ½ xícara de sorvete: 6 g de lactose.
- Leite em pó desnatado. 1 xícara: 62 g de lactose.
- Leite condensado – 1 xícara: 40 g de lactose.
- Iogurte, baixo teor de gordura. 1 xícara: 5-10 g de lactose.

No mercado existem produtos lácteos tratados com a enzima lactase e a própria enzima pode ser uma solução para aqueles indivíduos que são intolerantes.

Os produtos lácteos fermentados, tais como queijos envelhecidos e iogurtes, são bem tolerados pelo baixo teor de lactose. A tolerância ao iogurte parece ser devida a uma proteína presente nas bactérias do mesmo, facilitando a digestão da lactose, mas cuidado! Congelamento (tal como no iogurte congelado) inibe a ação da proteína, e, por conseguinte, torna-se não tão tolerável.

Ainda assim, as nossas recomendações insistem na diminuição do consumo de laticínios de maneira considerável ou simplesmente a eliminação, ainda que seja por um período de tempo.

Após este espaço de tempo, você terá seu próprio critério para consumir leite, parar de tomá-los, ou simplesmente dispensá-los. Muitas pessoas o rotulam juntamente com farinha refinada, açúcar refinado, sal refinado e arroz refinado como um dos «cinco venenos brancos».

Gorduras: Ruins ontem e amanhã nem tanto

Elas continuam sendo um "*hot topic*" na alimentação e saúde. "As gorduras são ruins" é certamente um título que por muitos anos tem sido mostrado em todos os meios de comunicação, revistas e redes. Mas o que tem de verdade em tudo isso?

A verdade é que as gorduras são necessárias e sua importância na saúde é tão clara como na doença. Como o que aconteceu no caso dos carboidratos, a fonte e a quantidade são cruciais para que elas se comportem como "boas" ou "ruis". Devemos notar que as gorduras, além de ter 9 kcal por grama e ser uma fonte importante de energia, têm muitas outras funções no nosso corpo. Se eliminarmos todas as gorduras dos alimentos, poderíamos nos encontrar com déficit de vitaminas, como A, D, E e K, que são solúveis em gordura e são encontrados na parte gordurosa dos alimentos, o que poderia causar problemas de pele e mucosas, bem como dificuldade na cicatrização de feridas e déficit hormonal (já que as gorduras atuam como precursores de certos hormônios). Por tudo isso, o importante é aprender a distinguir "gorduras boas" das "gorduras ruins".

As gorduras quimicamente são denominadas lipídios. Temos diferentes tipos de lipídios com diferentes funções fisiológicas. Assim, encontramos ácidos graxos, colesterol e fosfolipídios. Em uma perspectiva nutricional, os mais conhecidos são o colesterol e ácidos graxos, que formam os triglicérides.

A proporção de ácidos graxos saturados e insaturados na dieta desempenham um papel importante na saúde. As gorduras saturadas são menos saudáveis. Elas são abundantes na carne, leite, manteiga, margarina, produtos de padaria, e alguns vegetais de origem tropical, tais como coco ou palma.

Isto é importante porque alguns produtos são anunciados como "gorduras vegetais", afirmando que não aumentam o colesterol, quando a realidade é que esses alimentos geralmente contêm este tipo de gorduras pouco saudáveis[29].

Mas se os ácidos graxos saturados são os "feios da história", os maus são os ácidos graxos trans. Esses são na maior das vezes de origem artificial, formados pela submissão de óleos vegetais (soja, girassol) a um processo químico, chamando hidrogenação, cujo objetivo é passar esses óleos de um estado líquido a um estado semi-sólido, proporcionando-lhes uma maior durabilidade e estabilidade. Eles são mais prejudiciais do que as gorduras saturadas e colesterol, por acelerar a aterosclerose, problemas cardiovasculares e metabólicos.

Os ácidos graxos insaturados são classificados de acordo com a estrutura química: monoinsaturados e poli-insaturados. Os monoinsaturados abundam no azeite virgem e abacate. Enquanto os poli-insaturados (muito saudáveis), são abundante em óleos de peixe, sementes e nozes.

Está demonstrado que o azeite de oliva protege contra as enfermidades cardiovasculares em indivíduos de alto risco. Além disso, dentro do seu composto, tem-se evidenciado a presença do oleocanthal, o que pode ajudar a proteger contra doenças neuro-degenerativas como Alzheimer[29].

Nossa alimentação requer necessariamente dois ácidos graxos poli-insaturados. Estes por sua vez são denominados essenciais, pois nosso corpo é incapaz de sintetizá-los. Se trata dos ácidos linolênico e linoleico, conhecidos como ômega 3 e 6, respectivamente. Parece haver um acordo científico sobre a afirmação de que os membros da família de ácidos graxos poli-insaturados n-3 ou como todos conhecemos, o ômega-3 (EPA

– ácido eicosapentaenoico- e DHA – ácido docosahexaenoico) poderiam começar a atuar (sobre todo o EPA) beneficamente sobre o coração, através de compostos derivados deles que exerceriam uma ação benéfica para nossa saúde ou para a diminuição dos perigosos triglicérides séricos. Eles também têm sido referidos sobre importantes benefícios no cérebro e em algumas doenças do sistema nervoso.

A EPA deve estar em equilíbrio com um outro ácido graxo, neste caso, da série dos omega-6, chamado ácido araquidónico (ARA). Ambos EPA e ARA são precursores de substâncias envolvidas na inflamação, vasoconstrição e várias regulamentações metabólicas. As investigações mostraram que a EPA deve ser ingerida de forma suficiente para a saúde do cérebro, e tem sido a sua necessidade aumentada em casos de depressão, pensamentos de suicídio e homicídio. A EPA funciona melhor quando é ingerida junto com o DHA, presente também nos alimentos, sendo este último preferido e armazenado seletivamente pelas células do seu cérebro.

Ambos EPA e DHA estão envolvidos no crescimento e na maturação do sistema nervoso, na comunicação entre neurônios, na formação da membrana, na expressão do gene. Nos distúrbios como o autismo, depressão, depressão pós-parto, esquizofrenia, ideação suicida, transtorno de ansiedade, déficit de atenção/hiperatividade, transtornos bipolares ou de comportamento alimentar.

Os peixes de águas profundas, como salmão e atum, são um dos alimentos que mais contêm EPA e DHA por porção. No entanto, o resto dos peixes e frutos do mar contêm quantidades variáveis de ômega-3. O pescado branco, ao contrário do peixe azul contém menor quantidade de ômega-3.

Entre os peixes com maior índice de ômega-3 incluem os mais gordurosos (azul) com doses elevada, como a sardinhas, anchova, arenque, cavalinha, salmão e atum vermelho, entre outros.

Proteínas: os protagonistas.

As proteínas são as moléculas mais abundantes nos seres vivos. Elas executam funções como transportadoras de substâncias, como a hemoglobina (a proteína que transporta o oxigênio para nossos tecidos), muitos hormônios são proteínas, substâncias do nosso sistema imunológico que também cumprem sua função energética. Mas talvez a função mais conhecida é a função estrutural. Assim, as proteínas formam uma parte importante dos nossos tecidos, dentre eles os músculos, onde são mais abundantes.

As proteínas são o resultado de ligação de aminoácidos. Na natureza podemos encontrar vinte aminoácidos distintos, dos quais nove são essenciais. Isto é, o corpo não é capaz de criá-los e, por conseguinte, é necessário ingeri-los através da dieta. Estes aminoácidos são como blocos de construção para formar o músculo, bem como exercem outras funções em nosso corpo, portanto, é necessário incluí-los no consumo alimentar.

Em nossa dieta representam cerca de 15-25% da ingestão calórica diária, sendo as necessidades maiores em atletas, do que em indivíduos sedentários.

Também dentro do esporte, a quantidade de proteína necessária por quilo de peso corporal por dia varia em função de considerarmos modalidades onde predominam a resistência ou força, sendo neste último caso maiores as necessidades de sua ingesta, ainda que a contribuição energética das proteínas durante o exercício seja pobre, como antes comentamos, sua maior propriedade é ajudar a reparação e crescimento muscular após o exercício.

As proteínas podem ser encontradas em alimentos de origem animal, assim como de origem vegetal. Embora seja importante considerar que as proteínas de origem animal são mais completas, porque elas contêm todos os aminoácidos essenciais, ao contrário das de origem vegetal (com exceção da soja) que são muitas vezes deficientes em pelo menos um dos aminoácidos essenciais. Este ponto deve ser considerado no caso da alimentação vegetariana, uma vez que a deficiência de qualquer um dos aminoácidos essenciais pode causar problemas à saúde.

Quanto à quantidade de ingestão de proteína, durante muito tempo essas últimas têm sido hipovalorizadas em comparação aos outros macronutrientes, carboidratos ou gorduras. Isto é devido em parte aos efeitos deletérios que têm sido atribuídos a ela em relação a diferentes tecidos como os rins ou ossos. Hoje a ciência nos dá a oportunidade de navegar por ela e ver como em pessoas saudáveis essas ideias são infundadas. As recomendações da OMS indicam ser necessária a ingestão mínima de 0,83g por kg de peso corporal por dia. Sim, no mínimo! No entanto durante muito tempo, tem se tomado este valor como referência sem ter em conta que ele mostra apenas o suficiente para cobrir o indispensável. No entanto, há situações (e até mesmo as fases da vida), onde essas necessidades tornam-se diferentes.

Hoje vegetarianos podem escolher a partir de um punhado de boas alternativas que nos dão uma boa oferta de proteína vegetal[31]. Por exemplo, tofu é feito de leite de soja, tendo uma aparência parecida com o queijo. Também é uma proteína completa, o que o torna um bom substituto para a proteína animal, só que ao contrário desses não contém colesterol, têm menos gordura saturada e menos calorias. Pode também representar uma fonte significativa de cálcio (fornecido com a sua preparação feita com sulfato de cálcio). Se está crua, não se deve esquecer de cozinhar na água durante 10-15 minutos antes de comer.

O tempeh é outro produto derivado da soja, elaborado de forma cozida e fermentado da soja amarela. Tem um sabor ligeiramente amargo e pode ser adquirido cozido ou cru. Se está crua, não esquecer de cozinhar na água durante 10-15 minutos antes de comer.

Outros produtos são extraídos a partir de glúten de trigo, que é uma proteína encontrada na maioria dos cereais. Por exemplo, a Saitan, que é um produto que pode ser usado na cozinha do mesmo modo que a carne com uma cor e textura semelhante.

Outra opção são hambúrgueres vegetarianos, feitos a partir de arroz ou tofu, e também pode levar legumes, frutas secas, verduras ou frutas. É importante verificar cuidadosamente os ingredientes e conteúdo de proteína, gordura e calorías[31].

Micronutrientes

Micronutrientes são produtos químicos que devem ser consumidos em quantidades muito pequenas (microgramas a miligramas por dia). Sua principal função é permitir que os macronutrientes participem efetivamente nos vários processos fisiológicos do nosso corpo. Entre eles estão as vitaminas e minerais, importantes reguladores da saúde, funções corporais e prática do exercício físico.

Vitaminas

As vitaminas pertencem aos micronutrientes. Eles são compostos orgânicos presentes nos alimentos em quantidades muito pequenas, sem valor energético, mas com muitas funções importantes no nosso corpo. Estes compostos não são sintetizados pelo organismo em quantidades suficientes para satisfazer as quantidades fisiológicas normais, tais como o crescimento, desenvolvimento e reprodução. Devemos ingeri-los nas quantidades recomendadas através da dieta, porque a sua oferta insuficiente leva a síndromes ou deficiências específicas. Vitaminas podem ser classificadas em dois grupos em função de sua solubilidade.

- As vitaminas hidrossolúveis (solúveis em água). São a vitamina C e as do grupo B.
- Vitaminas lipossolúveis (solúveis em gorduras e óleos). São as vitaminas A, D, E e K.

Uma das opiniões mais difundidas sobre a ingesta das vitaminas e minerais, é que é melhor tomá-los de sua fonte natural. Ainda que a indústria de suplementos nos dê a possibilidade de suprir certas carências através de sua ingesta, as vitaminas e os minerais são melhor assimiladas quando são provenientes de fontes naturais. Isso ocorre porque as outras substâncias presentes na nossa dieta favorecem a sua biodisponibilidade. Um exemplo é o cálcio, o que é melhor absorvido na presença de vitamina D e A, e da lactose, presente em produtos lácteos. Portanto, não podemos esquecer que a suplementação de vitaminas e minerais pode estar justificada em estados de carência ou de alta atividade, mas tendo sempre em mente que, sua fonte é natural, é melhor!

Classificação dos alimentos

Os alimentos são produtos naturais ou artificiais, de origem animal, vegetal ou mineral, que ingerimos quando comemos e nos quais se encontram os nutrientes. As suas propriedades dependem da composição de nutrientes de cada um. A classificação comum é mostrada abaixo:

1. **Leite e derivados.** São uma fonte de proteínas e minerais tais como cálcio.
2. **Alimentos proteicos.** Aqui se incluem carnes, peixes, ovos e nozes. Este último também é uma fonte de gordura importante muito benéfica para a saúde cardiovascular.
3. **Carboidratos**. Incluem-se cereais e seus derivados, tubérculos e legumes. Legumes, além de nos fornecer carboidrato, são também uma importante fonte de proteína vegetal. Os grãos integrais também ajudam a aumentar o teor de fibras da dieta.
4. **Vegetais**. Fornecem-nos água, nutrientes reguladores (vitaminas e minerais) e fibras. Eles também contêm substâncias vegetais antioxidantes importantes para a saúde.
5. **Frutas**. São uma fonte de água, nutrientes reguladores e fibra. Como os vegetais, possuem antioxidantes importantes para a saúde.
6. **Gorduras, óleos e manteigas**. Dentro deste grupo destaca-se o azeite, com um importante papel protetor frente às doenças cardiovasculares.

E agora? O que fazer?

6

Após esta caminhada através de teorias e conhecimentos científicos sobre saúde e qualidade de vida, vamos concluir e tomar decisões a respeito. Nós gostaríamos de voltar a fazer o exercício da roda da vida, mas nesta ocasião adaptado à qualidade de vida.

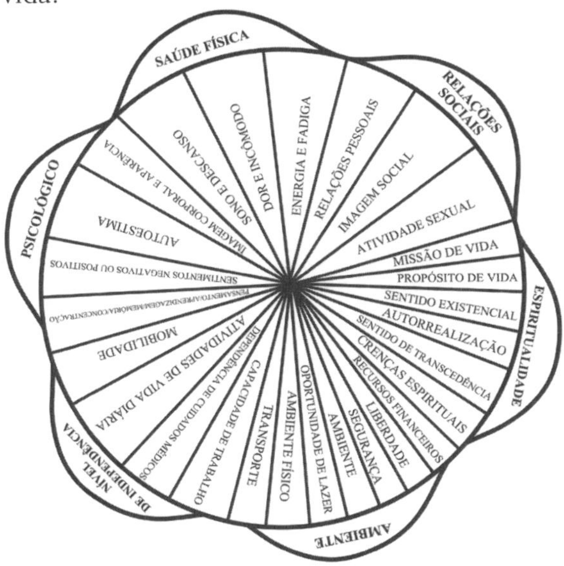

***Figura** 21. Desenvolvimento de objetivos.*

Mais uma vez, estamos no início de um processo de *coaching* onde o primeiro passo é ter consciência.

Tomar consciência sozinho irá nos ajudar a perceber por onde começar a nossa jornada. Uma vez realizado o exercício da RODA DA QUALIDADE DE VIDA, você bem sabe que o que vamos fazer é assumir a responsabilidade, ou seja, não serve de nada crer que a nossa saúde e qualidade de vida pertence a outros. Não podemos "lembrar Santa Barbara quando troveja", como diz nosso provérbio popular, portanto, definitivamente, temos de aceitar que a saúde e qualidade de vida é o nosso maior e mais precioso patrimônio.

Portanto, é hora de cuidar dele e começar a tomar decisões e colocar em prática cada um dos conselhos que temos dado neste livro e, o mais importante: CADA UMA DAS DECISÕES QUE VOCÊ TOMOU.

Não deixe para amanhã a decisão de melhorar sua saúde e qualidade de vida, pois talvez o dia que você decidir começar, possa ser tarde demais.

"Depois é uma caixa onde guardamos as coisas que não sabemos o que fazer com elas." Pepe Cabello

A hora que você decide é a hora que você deve agir. Então é necessário começar a aplicar as ferramentas que vimos nas áreas que você vê claramente que precisa trabalhar. O mais importante de tudo é dar o primeiro passo, lembre-se que "uma viagem de mil quilômetros começa com um único passo" (Provérbio chinês).

Dicas recomendadas

Ao se levantar

Recomenda-se que qualquer um que quer viver em um estado de excelência em sua qualidade de vida, acorde todas as manhãs com música. Não é possível sentir-se bem desde cedo se estamos recebendo más notícias e ouvindo os eventos catastróficos que somos informados nos meios de comunicação, por isso recomendamos radicalmente que te informes o menos possível, você não precisa de más notícias em sua vida.

Faça alguns minutos de alongamento e tome uma boa ducha, sempre terminando com água fria. Isto é o que é conhecido como uma Ducha de Saúde. Para evitar ter um impacto muito desagradável, recomendamos começar com o pé direito e ir subindo até a virilha, então seu braço direito, depois seguimos com o pé esquerdo e adiante o braço esquerdo. Depois passamos para a área genital e subimos lentamente até o nosso rosto, ombros e costas.

A água fria tonifica e revitaliza os músculos. Ao aumentar e favorecer a circulação sanguínea, além de produzir uma melhor oxigenação dos músculos, conseguindo aumentar a sua tonificação e revitalizando-os. Dr. Vijay Kakkar[34], do Instituto de Pesquisa de Trombose de Londres, afirma que as duchas diárias suavizam os efeitos da asma, melhoram a fertilidade, fortalecem as unhas e melhoram o crescimento do cabelo. A revista "The European" aponta que o hábito de tomar banhos com água fria aumenta o número de linfócitos killer do corpo, que é o mecanismo de defesa contra os vírus, de modo que este hábito protege-nos de desenvolver processos semelhantes aos da gripe e outras doenças. É definitivamente a melhor maneira de começar um dia.

Além disso, dedicar 10 minutos de alongamentos ativa nosso corpo para um novo dia. E claro, começar o dia com um suco de fruta natural. Para isso, o melhor investimento que você pode fazer é um bom liquidificador ou espremedor de frutas e legumes.

A corporalidade

Sempre insistimos muito para manter a coluna ereta e aprender a andar com segurança. Não olhando nada por cima do ombro, mas com os olhos em frente e escolher uma posição de confiança. Desenhar um belo e sincero sorriso no rosto é fundamental para produzir um efeito imediato sobre cada uma das nossas células. Você automaticamente irá se sentir melhor, tente agora. Levante-se, coloque a coluna ereta, olhe para frente e sorria... Observe como se sente. Não é melhor? Você pode usar para treinar sua naturalidade no carro, em seu escritório, andando pela rua, em sala de aula, praticando seu esporte, etc. Imagine que você tenha atingido um objetivo importante em sua vida. Como você se sentiria? Como você colocaria sua postura? Como seria a expressão do seu rosto?

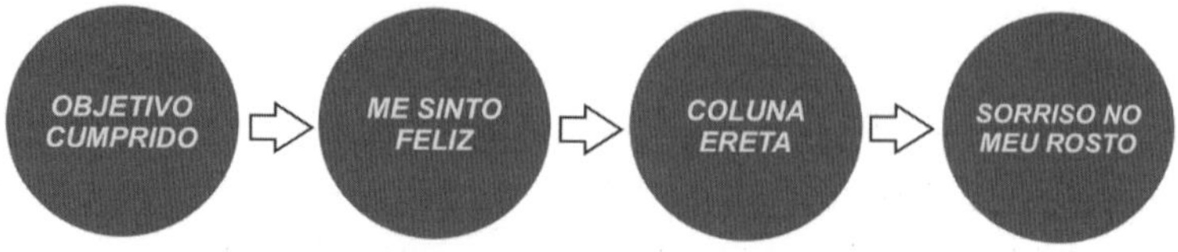

Figura 21. Desenvolvimento de objetivos.

Qualquer caminho que se percorre em um sentido, ocorre da mesma maneira no outro sentido, ou seja, se eu desenhar um sorriso no meu rosto e colocar as costas retas, a capacidade de sentir melhor aumenta consideravelmente e eu predisponho uma maior chance de alcançar meus resultados desejados.

Durante o dia

- Beber 2 litros de água e alimentos que a contenham
- Realizar uma hora de exercício diário
- Tomar uma ducha higiênica todos os dias
- Aumentar o consumo de frutas e legumes, de preferência crus ou no vapor
- Divertir-se muito
- Não fumar
- Não beber álcool ou reduzir a quantidades mínimas
- Não usar nenhum tipo de droga
- Praticar sexo
- Reduzir ou eliminar o consumo de cinco venenos brancos:
- Lácteos
- Farinha refinada
- Açúcar refinado
- Sal refinado
- Arroz branco

Respiração

Nossa vida diária é cheia de expressões relacionadas com este ato fisiológico aparentemente simples. Por exemplo, costumamos dizer, "Eu engasguei", "respire fundo", etc. Mesmo quando expandimos nossos pulmões quando olhamos para uma bela paisagem. Tudo isso nos mostra que a respiração não é só é inspirar ar. Respirar abrange corpo, mente e alma.

Gaste alguns minutos por dia para respirar, isso é necessário. Nossas células precisam de oxigênio para se manter vivas e é muito importante fazer isso ao final do dia, com algumas paradas para realizar 5 ou 6 respirações completas. Primeiro você tem que esvaziar os pulmões bem com uma expiração profunda.

1. Respirar lenta e profundamente com a barriga, deixando o ar na parte inferior dos pulmões à medida que desce o diafragma e expande abdômen. Você tem que perceber como se eleva sua mão direita descansando sobre o abdômen. A barriga não deve inchar como um balão, deve ser uma inspiração relaxada, mas com o controle da cintura abdominal. Quando a parte inferior dos pulmões estão cheios de ar.

2. Expandir as costelas, sem forçar, permitindo entrar ainda mais ar para os pulmões. Deve notar-se, a mão esquerda que descansa sobre as costelas à medida que estão se separando. Quando as costelas estiverem separadas ao máximo.

3. Levante as clavículas, sem levantar os ombros, para obter algum ar parado e assim acabar de encher os pulmões. Durante toda a inspiração do ar deve vir gradualmente, de forma contínua.

A expiração é feita em sentido inverso, sempre lentamente, não abruptamente ou com esforço, esvaziando 1) Primeiro a parte superior dos pulmões; 2) Em seguida, desinfla o peito e, finalmente; 3) O ventre que desce até que saia o último ar restante.

Os benefícios de uma boa respiração são enormes, porque esta não é feita apenas nos pulmões, mas também nas células do nosso corpo. Portanto, durante o treinamento de nossa respiração, aumentamos nossas reservas, melhoramos o intercâmbio de substâncias, assim como a atividade de órgãos internos e sistema nervoso. Massagear os órgãos encontrados na cavidade ventral influencia positivamente o fígado, bexiga, pâncreas, rins e intestinos. Do mesmo modo melhora a circulação linfática e promove o processo de purificação dos organismos acima mencionados; promove a circulação sanguínea na barriga e nas pernas, regenerando a circulação venosa em vasos e capilares e fornece ao corpo oxigênio suficiente para o nosso cérebro.

"Coaching não é mágica, é ação consistente, coerente e focada". Pepe Cabello

Ser constante é vital, pois mais vale uma gota de água contínua em uma rocha, do que uma grande quantidade de água de uma só vez.

Seja coerente com os valores que você escolheu neste processo, mantendo seus princípios sempre ativos.

Foque em seu sonho, suas metas e seus objetivos.

Finalmente, seja consciente de que o que temos feito é apenas colocar letras em papel, desejamos que a INTENÇÃO dessas letras e palavras te deixe legados e a única maneira de saber é que a partir de hoje tomes a decisão de assumir que a saúde e qualidade de vida é algo que pertence a você, então tudo o que você deve fazer agora é colocar "mãos à obra"... a obra de sua vida.

Referências Bibliográficas

1. Baylet, TJ. Quality assurance. Postgrad. Med.J. 1988; 64(752): 473-74.
2. The WHOQOL group. The World Health Organization Quality of Life Assessment (WHOQOL). Position paper from the World Health Organization. Soc Sci Med 1995;41:1403-09
3. Tradução para a língua portuguesa e validação do questionário genérico de avalidação de qualidade de vida SF-36(Brasil SF-36). Rev Bras Reumatol 1999, 39(3): 143-150.
4. Khanna D, Tsevat J. Health-related quality of life-an introduction. American Journal of Managed Care, 2007; 13(9):218-23.
5. Fleck MPA, Desenvolvimento da versão em português do instrumento de avaliação de qualidade de vida da OMS (WHOQOL-100). Revista Brasileira de Psiquiatria, 21 (1), 1999.
6. Ciconelli MZ et al. Tradução para a Língua Portuguesa e Validação do Questionário Genérico de Avaliação de Qualidade de Vida Sf-36. Revista Brasileira de Reumatologia, vol 39, n 3, maio/junho, 1999.
7. La tragedia familiar de Walter Herrmann; 2003 [actualizada 19 julio 2003; citada 10 Noviembre 2013].Disponible en: www.lanacion.com.ar
8. Otro duro golpe en la vida de Walter Herrmann. [actualizada 20 Julio 2004; 10 de Noviembre 2013]. Disponible en: www.lanacion.com.ar
9. Carroll L. (2005). Aventuras de Alicia en el país de las maravillas. Madrid: Ediciones Akal; 2005; 19(6).
10. Reategui N, Sattler C. Metacognición. Estrategias para la construcción del conocimiento. 2ª Ed. Lima: CEDUM; 1999.
11. Ribeiro L. El éxito no llega por casualidad. Barcelona: Urano; 2000.
12. Jordan M. Mi filosofia del triunfo/I Can't Accept Not Trying: Michael Jordan on the Pursuit of Excellence. Ciudad de Mexico: Selector; 2000.

13. Pangrazzi A. El mosaico de la misericordia. La relación de ayuda en la pastoral sanitaria. Santander: Editorial Sal Terrae; 1990.
14. Maslow A. Motivación y personalidad. Madrid: Ediciones Díaz de Santos; 1991.
15. Kübler-Ross E. Sobre la muerte y los moribundos. Barcelona: Grijalbo; 2000.
16. Prieto Figueroa LB. Principios generales de la educación, o, una educación para el porvenir. Caracas: Monte Ávila Editores; 1985; p. 186.
17. Scheler M. Ética. Madrid: Revista de Occidente; 1941.
18. MOORE SC. et al. Association of Leisure-Time Physical Activity With Risk of 26 Types of Cancer in 1.44 Million Adults. JAMA Internal Medicine, v. 176, n. 6, p. 816, 2016.
19. Organización Mundial de la Salud. Recomendaciones mundiales sobre actividad física y salud. Ginebra: Ediciones de la OMS; 2010.
20. Prochaska JO, Norcross JC. Systems of psychotherapy: A transtheoretical analysis (Sixth Edition) Pacific Grove, CA: Brooks-Cole; 2006.
21. Tudor-Locke C, Bassett D. How many steps/day are enough?. Sports Medicine. 2004; 34(1), 1-8.
22. Horne JA. Human sleep, sleep loss and behaviour. Implications for the prefrontal cortex and psychiatric disorder. Br J Psychiatry. 1993;162:413-19.
23. Sierra JC, Jiménez-Navarro C, Martín-Ortiz, JD. Calidad del sueño en estudiantes universitarios: importancia de la higiene del sueño. Salud mental. 2002;25(6), 35-43.
24. García-Borreguero D, Caminero AB, De la Llave Y, Larrosa O, Barrio S, Granizo JJ et al. L-dopa increases phasic and tonic EMG activity during REM sleep in previously untreated patients with Parkinson´s Disease. Mov Disord. 2002; 17(5):934-41.

25. Canales J. RESPIRA. La forma más rápida y garantizada para dejar de fumar. Córdoba; Diamond Building; 2013.

26. Sistema Nacional de Salud. Grupo de Expertos de la Unidad del Sueño, Guía de Práctica Clínica para el manejo de Pacientes con insomnio. Madrid: Ministerio de Sanidad y Política Social; 2009.

27. Buysse DJ, Reynolds CF, Monk TH, Berman SR, Kupfer DJ. The Pittsburgh sleep quality index: A new instrument for psychiatric practice and research. Psychiatry Res. 1989; 28:193-213.

28. Royuela A, Macias JA. Propiedades clinimétricas de la versión castellana del cuestionario de Pittsburg. Vigilia-Sueño, 9:81-94, 1997.

29. Campillo JE. Comer sano para vivir más y mejor. Barcelona: Destino; 2010.

30. González JMª, Farre J, Fernández A. La Dieta Inteligente. Barcelona: De Vecchi; 2012.

31. Ordovás JM. La nueva ciencia del bienestar. Barcelona: Crítica; 2013.

32. Munné P. Mismos alimentos... menos calorías. Barcelona: Cúpula; 2012.

33. Mahan LK, Escott-Stump S, Raymond JL. Kraus Dietoterapia. 13ª Edición. Barcelona: Elsevier; 2013.

34. Cold showers to kill off winter bugs and icy jabs to tackle prostate cancer: Why feeling chilly can be GOOD for your health Read [actualizada 25 Febrero 2013; 25 de Febrero 2013]. Disponible en: www.dailymail.co.uk

35. Moreno F. Negocio Perfecto. 1º Edición. Santa Cruz de Tenerife: Venta UP Consulting; 2000.

Sobre os autores

DR. MARZO EDIR DA SILVA-GRIGOLETTO.

Doutor em Ciências Aplicadas da Atividade Física e Esporte. Mestre em Metodologia de Investigação em Ciências da Saúde pela Faculdade de Medicina da Universidade de Córdoba, na Espanha. Licenciado em Ciências da Atividade Física e do Esporte pela Universidade de Barcelona, Espanha; Licenciado em Ciências da Educação Física pela Universidade Federal de Santa Maria, RS. Atualmente é professor da Universidade Federal de Sergipe (Centro de Ciências Biológicas e da Saúde). Atual coordenador chefe do Programa de Pós Graduação em Educação Física da Universidade Federal de Sergipe, Brasil. Lecionou na Universidade de Córdoba (Faculdade de Medicina), Universidade de Sevilla (Ciências da Atividade Física e do Desporto), professor convidado de cursos de mestrado e doutorado em diferentes universidades europeias. Editor chefe da *Andaluzian Journal of Sports Medicine*, Espanha; Ad-Hoc árbitro de várias revistas científicas nacionais e internacionais. Formação Internacional em *Coaching*, PNL e Inteligência Emocional. Membro do Instituto Internacional de Ciência do Exercício Físico e Saúde, Presidente da Scientific Sport e vice-presidente da "*Asociación Iberoamericana de Coaching Deportivo y Calidad de Vida*".

JOSÉ CABELLO CANALES.

Especialista P.N.L. e formado como treinador Ontológico. Professor de Coaching e Inteligência Emocional em várias universidades em Espanha, Argentina e Brasil. Colaborador regular da rádio Cope. Colunista semanal no jornal O Día de

Córdoba. Promotor de Saúde e Qualidade de Vida. Co-autor do livro "Atividade Física, Saúde e Alto Rendimento, Autor do livro RESPIRAR e criador do método com o mesmo nome, criado com o objetivo de ajudar as pessoas a pararem de fumar. Presidente da Associação Americana de Coaching de Esportes e Qualidade de Vida.

Sobre os colaboradores

MANUEL JESUS BAENA ARROYO: Mestre em Administração e Direção de Empresas (Universidade de Cádiz). Licenciado em Ciências da Atividade Física e do Esporte (Universidade de Extremadura). Professor interino da Universidade de Sevilha. Membro da Associação Scientific Sports.

FERNANDO MATA ORDÓÑEZ: Licenciado en Ciencias Biológicas (Universidade de Córdoba). Formado em Nutrição (Universidade Isabel I de Castilla). Certificado pela ACSM (*American College of Sport Medicine*). Membro fundador de IICEFS (Instituto Internacional de Ciências do Exercício Físico e Saúde) e membro da Associação Scientific Sport.

Pode entrar em contato com os autores por meio
dos seguintes e-mails: presidencia@assic.org
vicepresidencia@assic.org

ASICC

Asociación Iberoamericana
de Coaching Deportivo
y Calidad de Vida

www.assic.org